JN234062

テオゾフィー 神智学

Theosophie

ルドルフ・シュタイナー
Rudolf Steiner

松浦 賢✣訳

柏書房

ルドルフ・シュタイナー（1916年）
撮影：O. リートマン

凡例

◎本書は、ルドルフ・シュタイナーRudolf Steinerの著書『テオゾフィー（神智学）』（一九〇四年初版）の最終決定版（一九二二年版）の全訳である。底本としては、現在のところもっとも新しいテキストである*Theosophie—Einführung in übersinnliche Welterkenntnis und Menschenbestimmung*（Dornach 1987）をもちいた。

◎とくに重要と思われる用語には、原文のドイツ語を原則として単数一格の形で併記した。

◎読みやすさを考慮して、原文中にダッシュ（—）が挿入されている箇所は、基本的にすべて改行した。ただし日本語の文脈を重視して、一部、ダッシュがあっても改行しなかった箇所や、ダッシュがなくても改行した箇所がある。また長い引用箇所は改行し、本文から独立させる方針を採った。

◎著者による原註は各章の末尾につけ、訳者による訳註（1）（2）（3）…は本文のあとにまとめた。

◎原文中イタリック体で強調されている語句には傍点を付した。

◎巻末の索引は訳者によって作成されたものである。

『テオゾフィー　神智学
超感覚的な世界認識と人間の使命についての概説』

目次

装画　ルドルフ・シュタイナー
装幀　高麗隆彦

本書の最新版に寄せる序文（一九二三年）

一九一八年に本書の第九版が刊行される際に、私は本文の内容に念入りに手を加えましたが、それ以来、本書のなかで述べられているアントロポゾフィーAnthroposophie（人智学）的な世界観に反論する本や文書は、おびただしい数にのぼりました。私は、一九一八年の改訂ではかなりの部分を書き足したり、補足したりしましたが、今回改訂新版を刊行するにあたって、一九一八年のときのような変更は行いませんでした。私はこれまでの著作のさまざまな箇所において、みずからの考えに可能な限り自分自身で反論し、このような反論の重要性を明確にした上でそれを論破する、という試みを行ってきました。この点に注意をはらう方は、私が本書に反論する書物に対して何を述べようとしているのかは、すでにおわかりのはずです。一九一八年以降の四年間に、私はアントロポゾフィー的な世界観を自分自身の魂のなかで多くの点において拡大し、深めていくことができましたが、今回は、一九一八年に改訂したときのように本書の内容を補足しようという、内面的な動機は私のなかに生じませんでした。このようにしてアントロポゾフィー的な世界観を拡大し、深めていったにもかかわらず、私は、本書で述べられている内容を徹底的に書き改めなくてはならない、という衝動を感じなかったのです。一九一八年以来私が発見した事柄と照らしあわせてみても、私は本書の基本的な記述には大きな変更を加えないのが正しい、と判断したのです。

シュトゥットガルト　一九二二年十一月二十四日

ルドルフ・シュタイナー

第九版に寄せる序文（一九一八年）

これまでにも本書の新版が出る際にそうしてきたように、今回も私は本書の記述に注意深く目を通しました。このような改訂作業をとおして、私は今回の新版では、本書の内容に関して多くの事柄を書き足したり、補足説明を加えたりしました。本書をお読みになる方は、とくに「霊の再受肉Wiederverkörperungと運命」の章はほとんど全文が改稿されていることがおわかりになるはずです。ただしこれまでの版において、すでに霊学（精神科学Geisteswissenschaft）的な成果として承認されてきた事柄に関しては、私は書き改める必要を認めませんでした。そのため私は、これまで本書のなかで述べられてきた本質的な事柄は、いっさい削除しませんでした。私は、削除するよりも、むしろ多くの事柄を書き加えるという方針を取ったのです。

霊学の領域においては、ある事柄について記述したあとで、私たちは、さまざまな方面から光をあてることでこのような記述をさらに明晰なものにしたい、という欲求をつねに抱き続けることになります。すでに第六版の序文で述べたように、私たちは的確な言葉で表現し、表現をさらに念入りに仕上げるために、発展し続けるみずからの魂の経験を役立てなくてはならない、という欲求を感じるのです。私は、とくにこの新版において、この欲求に従いました。ですからこの新版は、「多くの部分において書き足され、補足説明を加えられた」版と呼ぶことができるでしょう。

ベルリン　一九一八年七月

ルドルフ・シュタイナー

第六版に寄せる序文（一九一四年）

これまでにも新版を出す必要が生じるたびに、私はほとんど毎回、本書の記述内容に注意深く目を通してきましたが、今回も私はこのような仕事を引き受けることにしました。今回の新たな改訂作業に関しては、私は第三版の改訂にあたって記した序文と同じようなことを述べたいと思います。ですからこの「第六版に寄せる序文」のあとに、「第三版に寄せる序文」をそのまま載せておくことにします。

今回私は、多くの個々の記述が本書のこれまでの版よりもいっそう明確なものになるように注意をはらいました。私は、この点に関してさらに多くの改訂作業を行わなくてはならないことは十分承知しています。霊的な世界について記述する際に、私たちがある事実や体験を表現するための簡潔な言葉や、適切ないいまわしを見つけることができるどうかは、私たち自身の魂がたどる道によって影響を受けます。表現を意図的に見つけようとしてもうまくいかないのに、このような魂の道をたどるうちに、「正しい瞬間がやってくると」、適切な表現がおのずと生み出されるのです。私はこの新版の多くの部分において、霊的な世界の認識に関する重要な箇所に意義深い改訂をほどこすことができました。私は今回ようやく、本書のかなりの部分が本来あるべき姿を現すことになったと考えています。十年前に本書が初めて刊行されて以来、私の魂は霊的な世界のさらなる認識を探求しながら、さまざまな事柄を経験してきましたが、今回の改訂をとおして、本書にはこのような新たな成果が含まれることになりました。全体の構成や、すべての重要な箇所の言葉の使い方に関していえば、今回の版は最初の版とまったく同じです。しかしそれでも、本書の多くの箇所をお読みになれば、読者の方は、「この本は筆者にとっては生き物のようなものであり、筆者はこの本のなかに、十年間の霊の探求において自分が獲得したと考えている事柄の成果を盛り込んだ」ということがおわかりになるはずです。本書は過去に出た本の新版であり、まったく新しい本ではないため、筆者はごく控えめに、一定の範囲内でしか変更をほどこすことができません。私は、さまざまな部分を「書き足したり、補足したり」することによって、読者が多くの箇所で疑問を抱いても、その答えを本書そのもののなかに見出すことができるように配慮しました。

私は、激動の時代のなかでゆれ動く魂を抱きながら、この本書の第六版に寄せる序文を書きました。この第六版が一八九ページ（本書二〇八ページ）まで刷り上がったとき、いま人類が体験している運命的な出来事[1]がヨーロッパ全土に勃発しました。私は、この序文において、このような時代に魂のなかに押し寄せてくるものについて、言及しないではいられないのです。

ベルリン　一九一四年九月七日

ルドルフ・シュタイナー

第三版に寄せる序文（一九一〇年）

本書の第二版が刊行される際に私が述べた言葉は、この第三版の刊行に関しても、同じ形で繰り返すことが許されるでしょう。今回も私は、記述した内容をより厳密に表現するために重要であると考えた事柄を数箇所、「補足したり、書き足したり」しましたが、すでに第一版と第二版に書かれていた事柄に関しては、大きく変更する必要はないと判断しました。

第一版が刊行されたときに本書の使命について述べた事柄と、第二版の序文でつけ加えた事柄に関しては、私は今回、変更する必要を認めません。ですからここでは第一版の序文と、それにつけ加えた第二版の序文を、以下のように再録することにします。

＊　＊

筆者は本書において、超感覚的 übersinnlich な世界のいくつかの事柄について記述したいと考えています。感覚的な世界だけを認めようとする人は、このような記述を空疎な空想の産物と見なすことでしょう。しかし感覚的な世界の外へと導いてくれる道を探求しようとするとき、私たちはすぐに、「もう一つの世界に目を向けることによってのみ、人間は人生の価値と意味を受け取ることができる」

ということを理解します。私たちは超感覚的な世界に目を向けることによって（多くの人びとが恐れているように）、「現実の」人生から疎外されることはありません。むしろ私たちは、超感覚的な世界に目を向けることによって初めて、この人生のなかで確実に、しっかりと立つことができるようになるのです。私たちは人生の原因 Ursache を認識することを学びます。もし超感覚的な世界に目を向けなければ、私たちは目の見えない人間のように、このような人生の原因によって引き起こされる作用 Wirkung の内部をただ手探りで進んでいかなくてはならなくなるでしょう。超感覚的なものの認識をとおして、初めて感覚的な「現実」に意味が与えられます。したがって私たちはこのような認識をとおして、人生においていっそう有用な存在になるのであり、けっして人生の役に立たない存在になることはありません。人生を理解することによって、私たちは本当の意味で「実際的な」人間になるのです。

本書の筆者は、このような領域における経験そのものをとおして証拠を示すことができないような内容については、記述することはありません。このような考え方に沿って、筆者は自分で体験した事柄だけを本書のなかに記述することにします。

本書は現代人の習慣的な読書方法に従って読むことはできません。ある意味において、本書をお読みになる方はそれぞれのページや、いくつかの文章に含まれている事柄を、自分で努力して身につけなくてはなりません。本書をお読みになる方は意識的に、このような読み方をするように努める必要があります。なぜならそうすることによってのみ、本書は、読む人の前に本来あるべき姿を現すからです。ただ通読するだけでは、本当の意味で本書を読むことはできません。読む人は本書の真理を体験しなくてはなりません。霊学はこのような意味においてのみ、価値をもつのです。

この本をお読みになる方が、判断のよりどころとなる観点を本書そのもののなかに見出そうとしない限りは、一般的な学問の立場から本書について判断を下すことは不可能です。判断するための観点を本書のなかから受け取るときに、批評家は、「このような記述には、真の学問的な態度と食い違う点はまったくない」ということを理解することでしょう。筆者自身が、「私は本書を執筆するにあたって、自分自身の学問的な良心に反するような言葉は一言も書かなかった」ということを確信しているのです。

本書のなかで述べられている真理をさらに別の道をたどることによって探求したいと願う人は、もう一つの道を、私の著書『自由の哲学』のなかに見出すことができます。筆者は本書と『自由の哲学』において、異なった道をたどりながら同じ目標に到達することをめざしています。この二冊の本のうち、一方を理解するためには、もう一方をかならず読まなくてはならない、ということはありませんが、できれば一方を理解するために、もう一方も読んでおくことを、多くの方におすすめしておきたいと思います。

本書のなかに「究極の」真理を求めようとする人は、場合によっては不満を抱いて、本書を放り出すかもしれません。筆者は本書において、霊学の領域全体のなかから、とりあえず基本的な真理だけを述べることにしたのです。

確かに世界の始まりと終わりや、存在の目的や、神の本質について、すぐにでも問いかけたい、という欲求は人間の本性に根ざしています。しかし悟性Verstand的な言葉と概念ではなく、人生に対する真の認識をよりどころとして思考するとき、私たちは、「霊的な認識の初歩の段階を取り扱う本書のような書物のなかで、知恵の高次の段階に属する事柄について述べることは許されない」ということを理解します。このような霊的な認識の初歩の段階について理解することによって初めて、「どのようにして高次の問いかけをすればよいのか」ということが明らかとなるのです。ここで取り扱っている領域に関するこれ以上の事柄に関しては、本書に続く筆者の著作『神秘学概論』のなかに記述してあります。

＊　＊

さらに筆者は、第二版の序文において以下のように書き加えました。

＊　＊

現代のような時代に超感覚的な事実について記述するときには、私たちは二つの事柄を理解しなくてはなりません。その第一は、「私たちの時代は超感覚的な認識の育成を必要としている」ということであり、第二は、「しかし現代の精神生活において広まっている考え方や感情の影響によって、多くの人びとは、『このような記述は混乱した空想と夢想の産物である』という印象を抱いている」という事実です。現代という時代は超感覚的な認識を必要としています。なぜなら私たちが通常の形で世界と人生について経験するあらゆる事柄は、多くの疑問を私たちのなかに呼び起しますが、このような疑問には超感覚的な真理によってのみ答えを出すことができるからです。私たちは次のような事実を正しくとらえなくてはなりません。すなわち現代の精神的な潮流の内部において、より深く感じる魂の持ち主にとっては、存在の基盤について学ぶことは世界と人生の大きな謎に対する答えではなく、むしろ問いかけになるのです。確かにしばらくのあいだは、私たちは「存在の謎に対する答えは、『厳密な学問的な事実の成果』や、何人かの現代の思想家が考え出した結論のなかに含まれている」と考えるかもしれません。しかし人間の魂が、本当の意味で自分自身を理解するために足を踏み入れなくてはならない深みへとわけ入っていくときには、最初は答えであると思っていた事柄が、じつは真の問いかけをするためのうながしであることが明らかとなるのです。このような問いかけに対する答えは、人間の好奇心だけを満足させるようなものであってはなりません。人間の魂的な生活Seelenlebenが内面的に安らかで完結したものになるかどうかは、このような問いかけにどのような答えを出すかにかかっているのです。このような答えを努力して手に入れることによって、知への衝動が満たされるだけではなく、人間は仕事において有能になり、人生の課題に対処することができるようになります。もしこのような問題の答えが見出されないならば、人間は魂的な意味において（最終的には体的な意味においても）萎えてしまうことになります。超感覚的なものの認識は単なる理論的な欲求のためにではなく、本当の意味における人生の実践のために存在しています。現代の精神生活がこのような状態にあるからこそ、霊的な理解は私たちの時代にとって欠かすことのできない認識の領域となるのです。

一方これとは別の側面において、「現代では多くの人びとが、自分がもっとも必要としているものを強固にはねつける」という事実が存在します。「確実な学問的な経験」に基づく多くの見解には強い説得力があるため、多くの人びとが、本書のような書物に記述されている事柄は根拠のないばかげた説であると考えます。しかし実際には、超感覚的な認識について記述する人は、どのような幻想にも陥ることなく、このような事柄と向きあうことができるのです。

人びとは、このような事柄を記述する人に対して、「あなたが述べていることが真実だということがわかる『まったく異論をさしはさむ余地のない』証拠を挙げてほしい」と要求したがります。このような人びとは、自分が思い違いをしていることに気づいていません。なぜなら人びとは、自分では意識しないままに、事柄そのもののなかに含まれている証拠ではなく、自分が認めたいと願っている（あるいは自分で認めることができる）証拠を求めているからです。本書の筆者は、「本書には、現代の自然科学の認識をよりどころとするすべての人が正しいと認めることができるような事柄だけが記述されている」と確信しています。また本書の筆者は、「自然科学のあらゆる要求にこたえることができるからこそ、超感覚的な世界に関する本書の記述方法そのもののなかに、正当な根拠が含まれている」ということも知っています。本当の意味で自然科学的な考え方をする人は、むしろ本書の記述に親近感を抱くはずなのです。このような見解に立ってさまざまな議論をするときに、私たちは、「誤った理論には反論できない。なぜなら誤った理論は、誤った事柄が真実であるという確信に基づいているからである」[1]というゲーテの言葉には深い真理が含まれていることを実感します。自分自身のものの考え方に含まれている証明以外は認めようとしない人が、どんなに議論しても、実りがもたらされることはありません。「証明」の本当の意味を知っている人は、人間の魂は議論とは別の方法によって真理を見出すことができる、ということをはっきりと認識しているのです。

筆者は以上のような考え方に基づいて、本書の第二版を刊行することにします。

ルドルフ・シュタイナー

はじめに

ヨハン・ゴットリープ・フィヒテは[1]、一八一三年の秋に、真理に仕えるために捧げられた自己の人生の成果としての「知識学Lehre」について講義を行ったとき、冒頭で次のように述べました。

「この知識学の前提になっているのは、通常の人間にとっては存在していない新しい世界を開くための、まったく新しい内面的な感覚の道具です[2]」

それからフィヒテは次のような比喩をもちいて、通常の感覚と結びついた思考に基づいて判断しようとする人にとって、この学説がきわめて理解しにくいものであることを明らかにしました。

「生まれつき目が見えない人びとの世界を考えてみて下さい。この人びとは生れつき目が不自由であるために、触覚をとおしてのみ存在する事物と生活環境しか知りません。さて、皆さんがこの人たちのあいだに入っていき、色彩や、光をとおして視覚がとらえるそのほかの生活環境について語って聞かせたとしましょう。そのとき皆さんは、彼らにとってはまったく存在しない事柄について語っていることになります。もし彼らがあなたにそのことを教えてくれるなら、それは幸運なことと考えなくてはなりません。なぜなら皆さんは、そのおかげですぐに過ちに気づきますし、彼らの目を開くことができないときには、皆さんはそのような無益な話をするのをやめるからです(3)」

事実、フィヒテがここで述べているような事柄について人びとに語ろうとするとき、私たちはしばしば、目の見える人が生れつき目が見えない人びとによって取り巻かれているときと同じような状況に直面することになります。ここで私が述べようとしているのは、人間の真の本質と最高の目標に関わる事柄です。そのため「無益な話はやめ」なくてはならないとき、私たちは、ことによると人間そのものに絶望することになるかもしれません。しかし実際には、私たちはこのような事柄に関して、善なる意志を抱いているすべての人間の「目を開く」ことは可能である、ということを、ほんの一瞬でも疑うことは許されないのです。

これまでにも、外面的な感覚に対しては隠されている人間の真の本質を認識することを可能にする「内面的な感覚の道具」が自分のなかに生まれた、ということを感じ取った人びとは皆、このような前提に基づいて語ったり書いたりしてきました。だからこそ人びとは、はるか太古の時代から、このような「隠された知恵」について繰り返し語り続けてきたのです。

健全に形成された目を備えている人が、自分が色彩をイメージしていることをはっきりと感じることができるのと同じように、隠された知恵をいくらかでも身につけた人は、自分が隠された知恵を抱いていることを実感します。ですからその人にとっては、このような「隠された知恵」が存在するということは「証明」を必要としません。またその人は、自分と同じように「高次の感覚」が開かれた人間に対しては隠された知恵を証明する必要はない、ということも知っています。その人は高次の感覚が開かれた人間に向かって、旅行者がほかの人にアメリカについて話をするときと同じように語ることができます。旅行者の話を聞く人びとは自分の目でアメリカを見たことはなくても、アメリカについてイメージすることはできます。なぜならこの人びとは、機会さえ与えられれば、旅行者が見てきたものをすべて自分の目で見ることができるからです。

　しかしながら超感覚的な事柄を観察する人は、霊的な世界を探求する人だけに語りかけるべきではありません。超感覚的な事柄を観察する人は、すべての人間に向かって語りかけなければなりません。なぜならその人は、すべての人間に関わる事柄について語っているからです。またその人は、超感覚的な事柄を知らないかぎりは誰も言葉の真の意味において「人間」になることはできない、ということも知っています。その人は、自分が話すべき事柄にはさまざまな理解のレベルがある、ということをよく知っているからこそ、すべての人間に向けて語りかけるのです。その人は、「自分で霊的な探求ができるようになる瞬間からまだ遠くへだたったところにいる人びとも、私の話を理解することは可能である」ということを知っています。というのも、真理に対する感情と理解はすべての人間のなかに存在しているからです。その人は初めのうちは、すべての人間の健全な魂のなかで光を放つ、このような理解をよりどころとします。その人はまた、少しずつより高いレベルの認識へと導く力がこのような理解のなかに含まれている、ということも知っています。初めのうちは、このような話を聞く人は感情をとおして、自分に向かって語られる事柄をまったくとらえることができないかもしれませんが、実際には、この感情こそが「霊的な目」を開く魔法使いなのです。暗闇のなかで、この感情は目覚めます。人間の魂は何も見ることはできません。しかしこのような感情を媒介として、魂は真理の力によってとらえられます。それから真理は少しずつ魂のほうに近づき、魂の「高次の感覚」を開きます。そうなるまでには、短い時間しかかからない人もいれば、長い時間を必要とする人もいるでしょう。しかしいずれにしても、忍耐力とねばり強さを備えている人は、このような目標に到達することができるのです。

というのも、肉体的な意味において生まれつき目が見えない人全員に手術をほどこすことが不可能だとしても、すべての人の霊的な目を開かせることは可能だからです。霊的な目がいつ開かれるか、ということは時間の問題にすぎないのです。

学識や科学的な教養を身につけているかどうかということは、このような「高次の感覚」を開くための前提条件とはなりません。高次の感覚はすぐれた学識を身につけている人にも、素朴な人にも、まったく同じように開かれます。それどころか現代のような時代においては、私たちは「唯一の」科学として認められている学問によって、このような目標に向けての歩みが促進されるどころか、かえって妨害される可能性すらあります。なぜならこのような科学においては、当然のことながら、通常の感覚がとらえることができる事柄だけが「現実」として認められるからです。確かに科学はこのような現実についての認識に関して、多大な貢献をしているかもしれません。しかし科学にたずさわる人びとが、「科学という分野にとって必要で恩恵をもたらすことになる事柄は、そのまますべての人間の知の基準となる」と説明するとき、同時に高次の現実への入り口を閉ざすたくさんの偏見が生み出されることになります。

私がここで述べている事柄に関しては、しばしば、「人間の認識には『乗り越えることのできない限界』が定められており、人間はこのような限界を越えることはできない。したがってこのような『限界』に注意をはらわないような認識は、すべて退けなくてはならない」といった反論がなされます。このような反論をする人びとは、多くの人びとが人間の認識能力の限界を越えていると認めている事柄について何らかの主張をしようとする人が現れるなら、そのような人を、不遜な人物と見なします。このような反論をする際に、人びとは、高次の認識を行う前にまず人間の認識能力が発達しなければならない、という点をまったく顧慮していません。認識能力を発達させる以前の段階において、認識の限界を越えたところに存在している事柄は、それぞれの人間のなかでまどろんでいる能力が目覚めたあとの段階では、完全に認識の領域の内部に存在することになるのです。

ここで、私たちはある事柄にとくに注意をはらわなくてはなりません。すなわちある人は、「認識能力がまだ目覚めていない人間に向かって、その人にとって覆い隠されている事柄について語って、いったい何になるのですか」というかもしれませんが、このような人は、隠された事柄に関して誤った判断を下しているといえます。確かにここで述べているような事柄を発見するためには、特定の能力が必要となります。しかしひとたびこのような事柄が発見されると、それは言葉によって伝達されます。そうすれば、とらわれのない論理と、真理についての健全な感情を働かせようとするすべての人は、このような事柄を自分で理解することができるのです。本書では、多面的で、偏見によって濁らされていない思考と、大胆で自由な真理の感情を自分自身のなかで働かせるすべての人が、「私は、それをとおして人間の人生と世界の現象の謎に、十分に満足することができるような方法で近づいていくことができる」と感じるような事柄だけを述べることにします。ここで試しに、「この本で述べられている事柄が真実であるとしたら、人生に関して納得のいく説明をすることはできるだろうか」と問いかけてみて下さい。そうすれば、「それぞれの人間の人生そのものが、この本で述べられていることが真実であることの証明になる」ということがわかるはずです。

もちろん存在の高次の領域において「教師」になるためには、その人の感覚がこの領域に向かって開かれているというだけでは不十分です。通常の現実の領域において、教師という職業に学問が必要であるのとまったく同じように、存在の高次の領域においても、教師になるためには「学問」が不可欠です。健全な感覚を備えているだけでは感覚的な現実において「学者」になれないのと同じように、「高次の直観」を備えているだけでは霊的なものに関する「知識を獲得した人物」になることはできません。そして実際にはすべての現実は（つまり低次の現実と高次の霊的な現実は）根底にある一つの同じ本質が備えている二つの側面にすぎないので、低次の認識において無知な人は、たいていは高次の事柄においても無知なままにとどまることになります。このような事実を認識するとき、存在の霊的な領域について語らなければならないという衝動を、霊的な使命をとおして感じる人間は、はかりしれないほど大きな責任の感情を抱きます。このような事実を知ることによって、その人間は、謙虚で控えめな態度を取らなければならなくなります。しかしその一方で、このような事実を知ったからといって、どのような人も（通常の生活において一般的な学問を学ぶきっかけを与えられていない人も）、高次の真理と取り組むのを諦めるべきではありません。なぜなら人間は、植物学や動物学や数学などの学問に関して、ある事柄を理解していないとしても、人間としての自己の使命をはたすことはできるからです。人間はある一定の方法で、超感覚的な事柄について知ることをとおして明らかにされる、人間の本質と使命に近づかないかぎりは、言葉の完全な意味において「人間」となることはできないのです。

人間が見上げることができる最高の存在を、人間は「神的なもの」と呼びます。そして人間は、何らかの方法でこのような神的なものとつながる、という観点から、自分自身の最高の使命を考えなくてはなりません。そのため、自己の本質と使命を人間に対して明らかにする、感覚的なものを超越した知恵を「神的な知恵」すなわちテオゾフィー Theosophie（神智学）と呼ぶことができます。また、人間の人生と宇宙における霊的な事象に関する考察には霊学という名称を与えることができます。本書の記述に見られるように、霊学のなかから、とくに人間の霊的な存在の核に関わる成果を取り出す場合には、このような領域に関して「テオゾフィー（神智学）」という表現をもちいることができます。すでに何世紀にもわたって、テオゾフィー（神智学）という表現はこのような意味でもちいられてきました。

本書では以上述べたような考え方に基づいて、テオゾフィー（神智学）的な世界観の概略について述べることにします。筆者は外面的な世界の体験が目や耳や通常の悟性にとって事実であるのと同じような意味において事実と見なされる事柄のみを記述するつもりです。

私たちは本書を読むことによって、本書の最後に述べられている「認識の小道」に足を踏み入れる決心をした、すべての人に対して開かれる体験と関わりあうことになります。私たちは健全な思考と感覚をとおして、高次の世界から流れ込んでくる、真の認識に関わるすべての事柄を理解することができます。またこのような理解から出発し、それとともにしっかりとした土台を築くとき（霊的な直観ができるようになるためには、さらに別のことがつけ加えられなくてはならないとしても）、私たちは自分自身で直観できるようになるための重大な一歩を踏み出したことになります。これらの前提に立つときに、私たちは正しい方法で超感覚的な事柄と向きあうのです。私たちがこのような道を拒否して、別の方法のみに頼って高次の世界に入っていこうとするとき、真の高次の認識へ到る扉は閉ざされます。この場合の基本原則は次のようなものです。すなわち、まず自分で高次の世界を直観し、そのあとで高次の世界について認識しようとするとき、私たちの直観は妨げられます。一方、将来自分で直観することができるようになる事柄を、まず初めに健全な思考をとおして理解しようとするとき、私たちの直観は促進されます。このような態度を貫くことによって、「霊視者の直観 Schauen des Sehers」を生み出す魂の重要な力が私たちのなかに呼び起こされるのです。

▼人間の本質

人間の本質を認識する方法の出発点について、ゲーテは次のような美しい言葉で表現しています。

「自分のまわりの事物に気づくと、すぐ人間はこれらの事物を自分自身と関連づけて観察します。それはもっともなことです。なぜならその人の運命全体は、『これらの事物が好きか、嫌いか』、『これらの事物に魅力を感じるか、それとも反感を覚えるか』、『これらの事物は自分にとって役に立つか、それとも害になるか』といったことによって影響を受けるからです。事物を観察したり、事物について判断したりする、このような自然な方法は必然的で、しかも容易なものです。しかしそれでも人間は、このような場合に多くの誤謬にさらされることになり、この誤謬のためにしばしば恥ずかしい思いをしたり、人生の苦さを味わったりします。

これに対して、内面の生き生きとした認識衝動に駆られて、事物それ自体や、事物どうしの関係において自然の事物を観察しようとする人びとは、はるかに重い毎日の仕事を引き受けることになります。なぜならこのような人びとは、人間として事物を自分自身と関連づけて観察しようとするときに、よりどころとなる尺度がないことにすぐに気づくからです。この人びとは、『好きか、嫌いか』、『魅力を感じるか、反感を抱くか』、『役に立つか、害になるか』といった尺度をもっていません。この人びとは、何らかの尺度をもつことを完全に断念しています。このような場合、人びとは自分の好みにあうものばかりを追求するのではなく、心を動かされない、いわば神のような存在として、存在するものそれ自体を探求し、研究しなくてはなりません。たとえば真の植物学者は植物の美しさによっても、有用性によっても、心を動かされてはなりません。植物学者は植物が形成される過程や、ある種類の植物とそれ以外の種類の植物との関係を調べなくてはなりません。そして太陽がすべての植物を招き寄せて、光によって照らし出すのと同じように、植物学者は穏やかなまなざしで植物全体を眺め、概観し、このような認識のための尺度や判断のためのデータを、自分自身のなかからではなく、観察している事物の領域そのもののなかから取り出さなくてはなりません(1)」

ゲーテがここで述べている考え方は、私たちの注意を三つの方向に導いてくれます。その第一は「事物」です。事物に関する情報は、感覚という門をとおってたえず人間のほうに流れ込み、私たちはこのような事物に触れたり、嗅いだり、味わったり、見たりします。第二は、このような事物が人間に与える「印象」です。私たちはあるものには共感を抱き、別のものには反感を感じます。また、あるものは役に立つと考え、別のものは有害であると判断します。このことをとおして「印象」は、人間の好みや欲求や嫌悪感などの性格を帯びます。そして第三は、人間が「いわば神のような存在」として対象に関して獲得する「認識」です。このとき人間には、これらの事物の作用と存在の秘密が明かされます。

人間の人生において、これらの三つの領域ははっきりと分かれています。そしてこのように見ていくことによって私たちは、人間としての自分自身が三とおりの方法で世界と結びついていることに気づきます。

第一の方法において、私たちは事物を目の前に見出し、それを与えられた（所与のgegeben）事実として受け入れます。第二の方法をとおして、私たちは世界を自分自身に関わる問題に、つまり自分自身にとって意味がある事柄にします。そして私たちにとって第三の方法は、自分がたえずめざさなくてはならない目標になります。

なぜ世界はこのような三とおりの方法で、私たち人間の前に姿を現すのでしょうか。ある簡単な観察を行うと、このことが明らかになります。私が一面花に覆われた野原を歩いているとします。花は私の目をとおして、その色を私に告げ知らせます。私は、このような事実を与えられたままに受け取ります。

さらに私は華麗な花の色彩に喜びを感じます。このことによって私は、事実を私自身に関わる要件にします。私は自分の感情をとおして、花を私自身と結びつけます。それから一年たって、私がふたたび同じ野原を歩くとします。そこには、種類は同じでありながら、去年見た花とは別の花が咲いています。この花を前にして、新しい喜びが私のなかにわきあがってきます。前の年に私が感じた喜びが、記憶としてよみがえります。喜びは私のなかに存在します。去年私のなかに喜びの感情をかきたてた花という事物は、なくなってしまいました。しかし私がいま見ている花は、去年見た花と種類は同じです。去年見た花は、いま私が見ている花と同じ法則に従って成長していました。私は去年、この花の種類と成長の法則をはっきりと理解しました。そして私はこの種類や法則を、去年の花のなかに認識したのと同じように、今年の花のなかにふたたび見出します。その結果、私は次のように考えます。

「去年の花はなくなってしまった。花を見たときに感じた喜びは、私の記憶のなかだけに残った。この喜びの感情は私の存在のみと結びついている。しかし私が去年花に関して認識し、今年ふたたび認識している事柄は、この種類の花が咲き続けるかぎり持続するだろう。このような事柄は私の前に姿を現すにもかかわらず、それでいて喜びの感情のように私の存在によって影響を受けることはない。喜びという私の感情は、私のなかに留まる。そして法則、すなわち花の本質は私の外の世界のなかに存在し続ける」

このようにして人間は、たえず三とおりの方法で世界の事物と結びつくことになります。私たちはさしあたり、このような事実をあまり深く読み解こうとしないで、私たちの前に姿を現すとおりに、事実をとらえることにしましょう。このような事実から明らかになるのは、人間はその本質において三つの側面を備えている、という点です。このことを、ここではとりあえず体《たい》Leib・魂Seele・霊Geistという三つの言葉でいい表すことにしましょう。ここで何らかの先入観や仮説をこの三つの言葉と結びつけようとする人は、私がこれから説明する事柄をかならず誤解することになります。ここでは体という言葉は、先の例における野原の花のように、周囲の世界の事物が人間の前に姿を現すための媒体となるものを意味しています。魂という言葉は、人間が事物を自分自身の存在と結びつけるための媒体となるもの、つまり人間が事物に関して好き嫌い・快感と不快感・喜びと苦痛などを感じ取るための媒体となるもの、を示します。そして霊という言葉は、ゲーテのいいまわしを借りるならば、事物を「いわば神のような存在として」観察するときに人間のなかで明らかにされるもの、を表現しています。

以上のような意味において、人間は体と魂と霊から成り立っているということができます。

人間は体をとおして、それぞれの瞬間に、事物と結びつくことができます。人間は魂をとおして、事物が人間に与える印象を自己の内面に保ち続けます。そして霊をとおして、事物そのものが保持しているものが人間に対して明らかにされます。人間をこのような三つの側面に従って観察するときにのみ、私たちは、人間の本質を解明する最初の手がかりを得ます。これらの三つの側面は、人間が三とおりの異なった方法で、自分以外の世界と類縁関係にあることを示しているのです。

人間は自分自身の体をもつことによって、感覚に対して外界から姿を現す事物と類縁関係を築きます。外界の物質は、このような人間の体を構成します。外界の力は、人間のなかでも作用しています。そして感覚をもちいて外界の事物を見るのと同じように、人間は自分自身の体が現に存在している様子を観察することもできます。しかしこれと同じ方法によって魂的な存在を観察するのは不可能です。私に関する体的な事象はすべて、体の感覚をとおして知覚することができます。しかし私自身にとっても、私以外の人間にとっても、私の好き嫌いの傾向や、私の喜びや苦痛を体の感覚をとおして知覚するのは不可能です。魂的なものは、体をとおして見ることができない領域なのです。人間の体的な存在は、すべての人の目の前にはっきりと姿を現します。しかし人間は自分自身の魂的な存在を、その人自身の世界として自己の内面に担っています。そして霊をとおして、外界が高次の方法で人間に明らかにされます。人間の内面において、外界の秘密が姿を現します。人間は霊をとおして自分の外に出て、事物にそれ自身について（すなわちその人間にとってではなく、事物そのものにとって意味をもつ事柄について）語らせるのです。人間が星空を見上げるとします。人間の魂が体験する大きな喜びは、その人間自身のものです。しかし人間が思考のなかで、霊のなかでとらえる星の永遠の法則は、その人間にではなく、星そのものに属しています。

このように私たち人間は三つの世界に住んでいます。人間は体をもつことによって、体をとおして知覚することができる世界に属しています。人間は魂をもつことによって、自分自身の世界を作り上げます。そして人間の霊をとおして、ほかの二つの世界を超越した世界が人間の前に姿を現します。

このように見ていくことによって、「これらの三つの世界は本質的に異なっているため、三とおりの異なった方法で観察することによってのみ、私たちは三つの世界と、三つの世界に対する人間の関与について解明することができる」ということが明らかになります。

1　人間の体的な本質

私たちは体の感覚をとおして、人間の体と出会います。そしてこの場合の観察方法は、感覚をとおして知覚することができる、そのほかの事物と出会うときに私たちがもちいる観察方法とまったく同じです。鉱物や植物や動物を観察するときと同じように、私たちは人間を観察することができます。人間はこのような三つの存在形態と類縁関係にあります。人間は鉱物と同じように、自分自身の体を自然の物質をもとに作り上げます。人間は植物と同じように成長し、生殖活動を営みます。人間は動物と同じように周囲の事物を知覚し、これらの事物の印象をもとに自分自身のなかに内面的な体験を作り上げます。ですから私たちはここで、人間には鉱物的・植物的・動物的存在が認められる、と考えることができます。

鉱物と植物と動物の構造の違いは、存在の三つの形態に対応しています。私たちはこのような構造（すなわち形姿）を感覚をもちいて知覚し、それを体と呼ぶことができます。しかし人間の体は動物の体とは異なっています。たとえそのほかの点において人間と動物の類縁関係を見出すことができるとしても、私たちは皆、人間と動物には相違点があることを認めないわけにはいきません。魂的なものはすべて否定しようとするもっとも過激な唯物論者さえ、カルスが著書の『自然と精神の認識のオルガノン』のなかで述べている、次のような文章には同意しないわけにはいかないでしょう。

「確かに神経システム、とくに脳の内部の緻密な構造は、生理学者や解剖学者にとっていまだに解明されていない謎として存在し続けています。しかしながら、『このような脳という形成物は動物の序列を上に登るにつれてますます高度になり、人間において、ほかのどんな存在にもまったく見られないほどの、高い段階に到達している』ということは完全に立証された事実なのです。このことは人間の精神の発達にとって、きわめて重要な意味をもっています。私たちはまさに、このような事実それ自体が、すでに十分な説明になっている、ということができるのです。したがって脳の構造が適切に発達しなかった場合には（つまり小頭症や知的障害の人間のように、脳が小さかったり、脳の発達が不十分であることが認められる場合には）、生殖器をそこなわれた人間が種の繁殖に関与することができないのと同じように、独自の理念を産み出したり、認識したりすることができなくなることがおのずと明らかになります。これに対して力強く、美しく形成された人間全体の（とくに脳の）構造は、たとえそれだけで天才的な力を生み出すことはできないとしても、少なくとも高次の認識を行うのに必要な、欠かすことのできない第一の条件を提供しているのです(2)」

私たちは人間の体には、存在の三つの形態、つまり鉱物的・植物的・動物的形態だけではなく、さらに第四の特別な人間的な形態が含まれていることを認めなくてはなりません。人間は鉱物的な存在形態をとおして、目に見えるすべての存在と類縁関係にあります。また人間は植物的な存在形態をとおして、成長し生殖活動を営むすべての存在と類縁関係にあります。さらに人間は動物的な存在形態をとおして、自分のまわりの世界を知覚して外界の印象をもとに内面的な体験を生み出す、すべての存在と類縁関係にあります。そして人間は、人間の体の存在形態をとおして、体に関して、すでに独自の領域を作り上げているのです。

2　人間の魂的な本質

人間の魂的な本質は、人間自身の内面的な世界として、人間の体的な本質とは異なっています。ごく単純な感覚的な知覚に注意を向けるだけでも、人間自身の内面に属するものがすぐに姿を現します。さしあたって誰も、ほかの人間も自分とまったく同じように、このような単純な感覚的な知覚を体験しているのかどうかを知ることはできません。よく知られているように、色を知覚することができない色盲の人がいます。このような人は、灰色のさまざまな色調だけをもとにして事物を見ています。そのほかに、部分的に色盲の人がいます。このような人は、ある特定の色彩の色調を知覚することができません。このような人が目をとおして作り上げる世界のイメージは、いわゆるノーマルな人が抱いている世界のイメージとは異なっています。これと同じような事柄は、多かれ少なかれ、視覚以外の感覚にも認められます。このように見ていくと、ごく単純な感覚的な知覚がすでに内面的な世界に属している、という事実が容易に明らかになります。私は自分の体の感覚をもちいて、赤いテーブルを知覚することができます。この赤いテーブルは、ほかの人も知覚します。しかし私は、ほかの人が感じ取っている赤という色彩の感覚を知覚することはできません。

　ですから私たちは、感覚的な知覚を魂的なもの Seelisches と呼ばなくてはなりません。このような事実を完全に理解すると、私たちは、内面的な体験を単なる脳のプロセスやそれに類似したものと見なすことはできなくなります。

人間が感覚的な知覚を行うと、すぐそれに続いて感情が生じます。人間はある感覚をとおして快感を、別の感覚をとおして不快感を感じます。このような快感や不快感は人間の内面的な、魂的な生活の作用です。人間は自分自身の感情のなかで第二の世界を生み出し、この第二の世界を、外から人間に作用を及ぼすものにつけ加えます。そして人間はそこに、さらに第三のものをつけ加えます。それは意志です。人間は意志をとおして、外界に作用を返します。そしてこのことによって人間は、みずからの内面的な本質を外界にはっきりと刻印します。人間の魂は意志の行動をとおして、いわば外界に向かって流れ出していきます。人間の行動は、人間の内面的な生活の作用を明確に表現していると いう点において、外界の自然の出来事とは区別されます。このように魂は人間自身に属するものとして、外界と向きあいます。人間は外界から刺激を受け取ります。そして人間はこのような刺激に従って人間自身の世界を作り上げます。体的なものは魂的なものの基盤になるのです。

3　人間の霊的な本質

人間の魂は、体のみによって影響を受けるわけではありません。人間は方向や目標をもたないまま、ある一つの感覚的な印象から別の感覚的な印象へと、あてもなくさまようことはありません。また人間は、外界から入ってきたり、あるいは体的なプロセスによって生じたりする刺激の印象を好き勝手に選び取って行動することもありません。人間は自分が知覚した内容や自分自身の行動について、よく考えます。知覚した内容についてよく考えることによって、人間は事物を認識します。自分の行動についてよく考えることによって、人間は理性にふさわしい意味のつながりを人生のなかにもたらします。人間は、「私は行動だけでなく、認識に関しても正しい思考によって導かれるときにのみ、適切な方法で人間としての使命をはたすことができる」ということを知っています。したがって人間の魂は、二つの必然性と向きあうことになります。まず第一に人間の魂は体的な法則によって、自然の必然性の影響を受けます。第二に人間の魂は、みずからの自由意志に基づいて思考の法則の必然性を認めるときに、正しい思考につながる法則の影響を受けます。人間は自然によって新陳代謝の法則に従わされます。そして人間は、みずからすすんで思考の法則に従います。

思考の法則に従うことによって人間は、体をとおして属している秩序よりも、さらに高次の秩序に属することになります。このような高次の秩序こそ、霊的な秩序にほかなりません。体的なものが魂的なものとは同じではないように、魂的なものは霊的なものとは異なっています。体のなかで活動している炭素や水素や窒素や酸素などの分子についてだけ語っているあいだは、私たちは魂を観察していることにはなりません。魂的な生活は、このような活動の内部に感覚が生じるときに（たとえば私が甘い味覚を味わったり、快感を感じたりするときに）ようやく始まるのです。それと同じように、外界や体的な生活に完全に身をゆだねている人間のなかに生じる、魂的な体験だけに目を向けているあいだは、私たちは霊を観察していることにはなりません。体的なものが魂的なものの基盤であるのと同じように、魂的なものは霊的なものの基盤となります。

自然科学の研究者は体と関わり、魂の研究者（心理学者）は魂と関わり、霊の研究者は霊と関わります。思考をもとにして人間の本質について解明しようとする人には、自分自身を意識することによって体と魂と霊の違いをはっきりと認識することが求められるのです。

4 体と魂と霊

人間は、その本質における思考の重要性について理解するときにのみ、正しい方法で自己を認識することができます。脳は、人間が思考するための体的な道具です。人間が健全に形成された目をもちいることによってのみ色彩を見ることができるのと同じように、正しく形成された脳は思考を生み出すという目的のために人間に仕えます。人間の体全体は、人間が脳という霊的な器官のなかに自分自身の頂点を見出すように形成されています。その使命に目を向けながら脳を観察するときにのみ、私たちは人間の脳の構造を理解することができます。脳の使命とは、思考する霊のための体的な基盤になることです。このことは、さまざまに比較を試みながら、動物界全体を概観してみるとよくわかります。たとえば両生類の場合には、脳は脊髄に較べてまだ小さいのですが、哺乳類になると、脳は比較的大きなものになります。そして人間の場合には、脳以外の体全体との比率から見て、脳はもっとも大きくなります。

ここで述べている思考に関する考え方に関しては、多くの偏見が広まっています。多くの人びとが思考を過小評価し、「心のこもった感情生活」や「感覚」を思考よりも高く評価しようとします。このような人びとは、「人間は『醒めた思考』によってではなく、感情の暖かさや感覚の直接的な力をとおして高次の認識に上昇していくことができる」と語ります。このように語る人びとは、明晰に思考すると感情を鈍らせることになるのではないか、という恐れを抱いているのです。確かに、それは役に立つかどうか、といった有用性と関わる日常的な思考に関していえば、感情が思考によって鈍らされることがあるかもしれません。しかし存在の高次の領域をめざす思考に関しては、むしろそれとは反対のことが生じるのです。高次の世界に関わる、純粋で水晶のように澄んだ思考によって呼び起こされる、暖かさや美しさや崇高さの感覚と比較できるような感情や感激はほかにありません。最高の感情は「おのずと」生じるのではなく、エネルギッシュな思考の活動をとおして獲得されるのです。

人間の体は思考するのに適した構造をしています。人間の体のなかでは、鉱物界に存在しているのと同じ物質と力が組みあわされ、その鉱物的な構造をとおして思考が姿を現します。その使命に従って形成された、このような鉱物的な構造を、ここから先の考察においては人間の物質体 physischer Leib と呼ぶことにします。

人間の中心点である脳をめざして秩序立てられている、このような鉱物的な構造は生殖によって生じ、成長によってその形姿を作り上げます。人間は生殖と成長の営みを、植物や動物と共有しています。生殖活動を行い、成長するという点において、生物は生命を欠いた鉱物とは区別されます。ある生物は別の生物のなかから胚となって生まれます。生命の連続のなかで、子孫は祖先とつながります。鉱物の場合、鉱物を生じさせる力は、鉱物を作り上げている素材そのものに働きかけます。たとえば水晶は珪素と酸素に内在している力によって形成されます。これらの力は水晶のなかで一つに結合します。しかしオークの木を形成する力を探求する際には、私たちは間接的に、胚からさかのぼって母親に相当する植物と父親に相当する植物のなかにこの力を探っていかなくてはなりません。オークの木の形態は、生殖の営みをとおして祖先から子孫へと受け継がれていきます。そこには、生物に生まれたときから与えられている内的な条件が存在しているのです。

かつて、低次の動物は（さらには魚までも）泥から作り上げることができる、と信じられていた時代がありますが、このような考え方は粗野な自然観であったといわなくてはなりません。実際には、生物の形態は遺伝をとおして伝えられていきます。生物がどのようにして発達していくかということは、この生物がどのような父親と母親から発生したかということによって、いいかえるなら、この生物がどの種に属しているかということによって、決定されます。生物を作り上げている物質的な素材は、たえず入れ代わります。しかし種そのものは、生物の一つの個体が生きているあいだだけ持続するのではなく、さらに子孫へと伝えられていきます。まさに種が物質的な素材の組み合わせを決定しているのです。本書では、このような種を形成する力を生命力Lebenskraftと呼ぶことにします。鉱物的な力が水晶となって現れるように、生命力の形成的な作用は植物的な生命と動物的な生命の種の形態のなかに姿を現すのです。

人間は鉱物的な力を体の感覚をとおして知覚します。この場合、人間は体の感覚をとおしてとらえることができるものだけを知覚します。目がなければ光の知覚は存在しませんし、耳がなければ音の知覚は生じません。きわめて原初的な生物は、人間が備えている感覚のうち、触覚だけを備えています。このような生物は、触覚によって認識できる鉱物的な力だけを人間と同じように知覚することができます。これよりも高次の動物になると触覚以外の感覚が発達するようになります。そしてこのような進化のレベルが上に上るほど、動物が知覚する環境はより豊かで多様なものになり、人間もまた、これらの動物がとらえているのと同じ環境を知覚します。したがって、外界に存在しているものが、ある存在自身の前に知覚や感覚として出現するかどうかということは、その存在が備えている感覚器官によって決定されます。たとえば人間は、空気中のある特定の動きを音の感覚としてとらえます。

人間は通常の感覚をもちいて、生命力の現れを知覚することはできません。人間は植物の色を見たり、植物の匂いを嗅いだりしますが、生命力はこのような観察方法を続けるかぎり、人間に対してはずっと隠されたままです。しかし生れつき目が見えない人が色彩の存在を否認しても、それが正しいと認められないのと同じように、私たちが通常の感覚に基づいて生命力を否認することも許されないのです。手術を受けると、生まれつき目が見えない人にとって色彩は実在するようになります。それと同じように必要な器官が開かれると、人間は単なる個体ではなく、生命力をとおして生み出される植物や動物のさまざまな種そのものの姿を知覚するようになります。

このような器官が開かれることによって、まったく新しい世界が人間の前に姿を現します。人間は生物の色や匂いなどだけではなく、これらの生物そのものの生命を知覚します。人間はそれぞれの植物や動物のなかに、物質的な形姿だけではなく、さらに生命に満たされた霊的な形姿を知覚します。このような事柄を表現するために、この霊的な形姿をエーテル体 **Ätherleib** あるいは生命体 **Lebensleib** と呼ぶことにします[*原註]。

このような事実は、霊的な生命を探求する人に対して以下のように明らかにされます。霊的な生命を探求する人にとってエーテル体とは、物質体の素材と力が作用した結果、生み出されるものではなく、このような物質的な素材と力を生命へと呼び覚ます、自立した現実的な実体なのです。ここで次のように述べるならば、私たちは霊学の観点に基づいた説明をしているといえるでしょう。すなわち水晶のような物質的な事物の形姿は、生命を欠いた存在に内在している物質的な形成力をとおして、生み出されます。しかしながら生命を備えた物質体の形姿は、このような力によって形成されているわけではありません。なぜならこの物質体から生命が去り、物質体が物質的な力のみにゆだねられると、その瞬間に物質体は崩壊を始めるからです。生命体という実体は、生物が生存を続けるあいだは、崩壊しないように物質体を維持します。

私たちが生命体を見たり、別の存在の生命体を知覚したりするためには、目覚めた霊的な目が必要になります。もちろんこのような霊的な目がなくても、私たちは論理的な根拠に基づいて、生命体が存在している、と推測することはできます。しかし私たちは、物質的な目をとおして色彩を見るのと同じように、霊的な目をもちいることによって、初めて生命体を実際に見ることができるのです。

どうか「エーテル体」という表現に違和感を抱かないで下さい。ここでは「エーテル」という言葉は、物理学の仮説としてのエーテルとは別のものを表しています。このような用語は、ここで述べているような事柄をいい表しているものとして、そのまま受け入れて下さい。人間の物質体の使命がその構造のなかに反映されているのと同じように、人間のエーテル体の使命もその構造のなかに映し出されています。さらに私たちは、思考する霊に注意を向けることによって、人間のエーテル体について理解を深めることができます。人間のエーテル体は、思考する霊をめざして全体が秩序立てられているため、植物や動物のエーテル体とは異なったものになっています。

人間が物質体をとおして鉱物の世界に属しているのと同じように、人間はエーテル体をとおして生命の世界に属しています。人間が死ぬと、物質体は鉱物の世界のなかに、エーテル体は生命の世界のなかに、それぞれ溶解していきます。本書では、ある存在に何らかの種類の「形姿 Gestalt」や「形態 Form」を与えるものを「体《たい》 Leib」という言葉でいい表すことにします。「体」という言葉が表現しているものを、感覚的な肉体の形態と混同しないで下さい。本書の文脈においては、「体」という表現は肉体だけではなく、魂的な、あるいは霊的な要素として形成されるものに対しても、使われることがあります。[(3)]

人間にとって生命体は、まだいくらかは外界と結びついた性質を備えています。しかし感覚が呼び起こされるときには、内面的なものがそれ自身で外界の刺激に反応するようになります。もっともな理由に基づいて外界と呼ばれているものを探求していっても、私たちはそこに感覚を見出すことはできません。

光線が目のなかに入ってくると、目の内部で光線は網膜まで伝達されます。このとき光の刺激を受けて（いわゆる視紅《しこう》において）化学的なプロセスが呼び起こされ、このような刺激の作用は視神経をとおして脳まで伝えられ、さらに脳において物質的な事象が生じます。もしこのような物質的な事象を実際に観察することができるならば、私たちはそこに、外界の別のところで起こっているのとまったく同じような物質的な事象を見出すことになります。そしてもし生命体を観察することができるならば、私たちは脳で生じている物質的な事象は同時に生命の事象でもあることを知覚することになるでしょう。しかしこのような観察方法をよりどころとする限りは、私たちは、光の刺激を受け取るときに人間のなかに生じる、青という色彩の感覚を見出すことはできません。青という色彩の感覚は、光を受け取る人間の魂の内部において初めて生じます。したがって物質体とエーテル体のみに目を向けながら、光を受け取る人間の本質について述べる限りは、私たちは人間の感覚について明らかにすることはできません。感覚を事実として生じさせる作用は、生命の形成力の作用とは本質的に異なっています。人間の内面的な体験は、生命の形成力の作用に感覚を生み出す作用が加わることによって呼び起こされるのです。もし感覚を生じさせる作用がなかったら、人間のなかには、植物にも認められるような生命の現象だけが存在することになるでしょう。あらゆる方向から印象を受け取っている人間の姿を思い浮かべてみて下さい。このとき私たちは同時に、この人間は印象がやってくる方向に向かって、感覚の作用を送り返している、とイメージする必要があります。人間の感覚はあらゆる方向に向かって、受け取った印象に対する反応を返します。このような作用のみなもとを感覚魂 Empfindungsseele と呼ぶことにしましょう。この感覚魂は物質体と同様に現実に存在しています。たとえばある人が私たちの前に立っているとき、私たちがその人を物質体としてのみイメージし、その人の感覚魂を見ないならば、それはある絵画を前にしたときにその下地となっているキャンバスの部分だけを思い浮かべているのと同じことになります。

私たちは感覚魂の知覚に関しても、先にエーテル体に関して述べた事柄と同じようなことを述べなくてはなりません。体の器官は感覚魂の知覚に関しては「盲目」です。そして生命を生命として知覚することができる器官も、やはり感覚魂を知覚することはできません。生命を知覚する器官をもちいてエーテル体を見ることができるのと同じように、人間はより高次の器官をとおして、感覚の内面的な世界を特別の種類の超感覚的な知覚としてとらえるのです。このとき人間は、物質的な世界や生命の世界の印象を感じ取るだけではなく、さらに感覚を見るようになります。このような器官を備えた人間の前に、自分以外の存在者が感じ取っている感覚の世界が、外界の現実となって姿を現します。私たちは、「自分自身の感覚の世界についての体験」と「ほかの存在者が感じ取っている感覚の世界についての直観」を区別しなくてはなりません。当然のことながら、すべての人間は自分自身の感覚の世界の内部を観察することができます。しかし自分以外の存在者が感じ取っている感覚の世界を霊視することができるのは、開かれた「霊的な目」をもった霊視者Seherだけです。霊視者でない人は、感覚の世界を単なる「内面的な」世界として（その人の魂にとっての秘められた自己の体験として）しか知りません。開かれた「霊的な目」をとおして観察することによって、外界に向けられた私たちの霊的なまなざしの前で、通常は自分以外の存在者の「内面のなか」にのみ生きているものが光を発するようになります。

＊　＊

誤解を避けるために、「霊視者は、自分以外の存在者が内部に秘めている感覚の世界の内容とまったく同じものを、自分のなかで体験するわけではない」ということをここではっきりと述べておく必要があるでしょう。霊視者が向きあっているこの存在者は、自己の内面という観点から感覚を体験しています。そして霊視者はこの存在者の感覚の世界の開示を、つまり外に向かって現れる姿を知覚するのです。

感覚魂の活動は、エーテル体の影響を受けます。というのも感覚魂はエーテル体のなかから取り出したものを、感覚として輝かせるからです。そしてエーテル体とは物質体のなかの生命にほかならないので、感覚魂は物質体からも間接的に影響を受けることになります。たとえば正しい色彩の感覚は、適切な生命活動を営んでいる、健全に形成された目をとおして生じます。このようにして物質体の性質は感覚魂に影響を及ぼすのです。したがって感覚魂の活動は物質体によって支配され、制約されます。このようにして感覚魂は、物質体によって定められた境界の範囲内で生活することになります。

物質体は鉱物的な素材によって形成され、エーテル体によって生命を与えられます。そしてこのような物質体によって感覚魂は支配されます。ですから先に述べたような、感覚魂を「霊視」するための器官を備えている人は、感覚魂が物質体によって支配されているという事実を確認することができます。ただし感覚魂の境界は、物質体の境界と一致しているわけではありません。感覚魂は物質体を越えてそびえ立っています。このことから、感覚魂は物質体よりも大きなものであることが明らかとなります。しかし感覚魂の境界を定める力は物質体から生じます。したがって一方に物質体とエーテル体があり、他方に感覚魂があり、そのあいだにさらに人間の本質を構成する特別の要素が存在していることがわかります。この構成要素が魂体 Seelenleib あるいは感覚体 Empfindungsleib です。私たちは次のように述べることもできます。すなわちエーテル体のある部分はそのほかの部分よりも繊細にできており、このようなエーテル体のより繊細な部分が感覚魂と一体化し、魂体になります。一方エーテル体の粗雑な部分は物質体と結びついています。そして感覚魂は魂体を越えてそびえ立っています。

私がここで感覚と呼んでいるものは、魂の本質の一部にすぎません（ただし本書では、叙述を簡単なものにするために、感覚魂という表現をもちいることにしました）。感覚が呼び起こされると、それに続いてすぐに、快感と不快感の感情や、衝動や本能や情熱が生じます。これらはすべて感覚と同じように、それ自身の生活を営む、という性格を帯びており、感覚と同じように体の性質の影響を受けます。

感覚魂は体以外にも、思考や霊とも作用しあっています。まず最初に、思考が感覚魂のために活動します。人間は自分自身の感覚について思考します。そのことによって人間は外界について理解します。たとえばやけどをした子どもは、よく考えてから、火にさわるとやけどをする、という思考にたどりつきます。人間は自分自身の衝動や本能や情熱に、やみくもに従うことはありません。人間はよく考えることによって、これらの衝動や本能や情熱をみたすことができるような機会を生み出します。いわゆる物質主義的な文化は、このような方向をめざして発達しています。物質主義的な文化の本質は、思考が感覚魂に仕える、という点にあります。はかりしれないほど多くの思考の力が、このような目標に向けられます。船や鉄道や電報や電話を生み出したのは思考の力です。思考の力の大部分は、感覚魂の欲求を満たすために使われています。生命の形成力が物質体に浸透するように、思考の力は感覚魂を貫きます。生命の形成力は祖先と子孫の物質体を結びつけ、そのことによって鉱物的なものとは関わらない法則に物質体を従わせます。それと同じように思考の力は、感覚魂としての魂が関わることのない法則に魂を従わせます。

＊　　＊

人間は感覚魂をとおして、動物と類縁関係を築きます。私たちは動物にも、感覚や衝動や本能や情熱があることを認めます。ただし動物は、これらの感覚や衝動や本能や情熱に直接的に従っています。動物の感覚や衝動や本能や情熱は、それ自体で自立しており、直接的な体験を越えた思考と結びつくことはありません。このことは、未発達の人間の場合にも、ある程度まであてはまります。そのため本来の感覚魂は、思考を仕えさせる、発達した高次の魂の構成要素とは異なっています。思考を仕えさせるこのような魂のことを、悟性魂 Verstandesseele と呼ぶことにします。また私たちは悟性魂を、心情魂 Gemütsseele あるいは心情 Gemüt と呼ぶこともできます。

悟性魂は感覚魂のなかに浸透していますが、魂を「霊視」する器官を備えている人は、悟性魂を純粋な意味における感覚魂とは異なる、特別の実体と見なします。

＊　＊

人間は思考をとおして、自分自身と関わる生活の外に出ます。人間は思考することによって、自己の魂を超越するものを手に入れます。人間は、思考の法則は世界の秩序と一致している、ということを当然のことと考えます。思考の法則が世界の法則と一致しているからこそ、人間は自分自身を世界に属している住人と見なすのです。このような一致は、人間が自己の本質について認識する上で重要な意味をもっています。人間は自己の魂のなかに真理を探求します。そしてこのような真理をとおして、魂だけではなく、世界の事物が姿を現します。人間が思考をとおして真理として認識する事柄は、人間自身の魂だけではなく、世界の事物とも関わる自立した意味をもっています。星空を前にして恍惚感を味わうとき、私は自分自身のなかで生きています。これに対して、私が天体の軌道に関して思考する内容は、私の思考だけではなく、ほかのすべての人間の思考にとっても、意味があります。もし私自身が存在しないなら、私の大きな喜びについて語っても、何の意味もありません。しかし私の思考について、私と関連づけないで語ることは、私の感情について語るのと同じくらい無意味なことであるとはいえません。なぜなら私が今日考える真理は（たとえ私が今日という一日だけこの真理と関わるとしても）昨日も真理でしたし、明日も真理であるからです。私がある認識に喜びを覚えるときには、この喜びの感情には、それが私のなかに存在しているあいだだけ、意味があります。一方、認識の真理はこのような喜びの感情からは完全に自立しており、真理そのものに意味があります。真理をとらえるとき、人間の魂は、それ自体で価値があるものと結びつきます。このような価値は魂の感覚とともに生じることもなければ、魂の感覚とともに消えることもありません。本当の真理は発生することも、消え去ることもありません。そこには、破壊することのできない意味が含まれています。

「個々の人間が見出す『真理』は、一定の時間がたつと部分的な、あるいは完全な誤謬と見なされることになる。したがって人間が見出す真理は過ぎ去りゆく価値しかもっていない」という事実は、いま述べた事柄と矛盾しません。私たちは、「人間の思考は永遠の真理が過ぎ去りゆく現象の形態を取ったものにすぎないとしても、それでも真理の価値は真理そのもののなかに存在している」ということについてよく考えなくてはなりません。そしてある人が（レッシング[4]のように）「私は真理を求める永遠の努力を続けるだけで満足です。なぜなら完全で純粋な真理は、神にとってのみ存在することが可能だからです」というときには、その人は真理の永遠の価値を否定しているわけではなく、むしろこのように述べることによって真理の永遠の価値を認めていることになるのです。なぜなら私たちは、それ自体のなかに永遠の意味をもっている真理のみをとおして、自分自身をめざして永遠の努力をするように鼓舞されるからです。もし真理が真理そのものとして自立することなく、人間の魂の感覚をとおして価値と意味を与えられるのだとしたら、その場合には真理がすべての人間にとってのただ一つの目標になることは不可能になります。真理を求めて努力しようという意志を抱くことによって、私たちは真理のなかに自立した本質があることを認めるのです。真理についていえることは、真の意味において善なるものに関しても、あてはまります。人間が好みや情熱によって支配されるのではなく、逆に好みや情熱を支配する場合には、道徳的な意味における善なるものは好みや情熱から自立しています。好き嫌いの感情、あるいは欲求や嫌悪は人間自身の魂と結びついています。これに対して、義務は好き嫌いを越えたところに位置しています。人間にとって義務は、そのために生命を犠牲にすることができるくらい高いところに位置することもありうるのです。人間が好みや好き嫌いの感情を高貴なものに変えることによって、これらの感情が、強制されたり服従させられたりしなくても、義務として認められた事柄におのずと従うようになると、人間はそれだけいっそう高みに立つことになります。道徳的に善なるものは真理と同じように、善そのもののなかに永遠の価値を含んでいるのであり、感覚魂によって永遠の価値を与えられるわけではありません。

自立した真理と善を内面において生き生きとしたものにすることによって、人間は本来の感覚魂を超越して上昇します。永遠の霊は感覚魂のなかに光を投げかけます。消え去ることのない光が感覚魂のなかに姿を現します。魂がこの光のなかで生き続ける限り、魂は永遠なるものと関わります。魂は、みずからの存在を永遠なるものと結びつけます。魂が真理や善としてみずからのうちに担っているものは、魂のなかで死滅することはありません。

魂のなかで永遠性として光輝くものを、ここでは意識魂 Bewußtseinsseele と呼ぶことにします。私たちは低次の魂の活動にも、意識を見出すことができますが、このような意識の対象になるのはごく日常的な感覚だけです。この限りにおいて、動物も意識を備えていると見なすことができます。しかしここで意識魂という言葉が意味しているのは、人間の意識の核、つまり魂のなかの魂です。さらに意識魂は魂の特別の構成要素として、悟性魂と区別されます。悟性魂は、まだ感覚や衝動や情動などと結びついています。誰もが知っているように、私たちは最初のうちは、感覚などに関して、より自分の好みにあうものを真理と見なそうとします。しかし実際には、感覚などの共感や反感から生じるあらゆるものから解き放たれた、この真理こそが、いつまでも変わることなく持続し続けるのです。たとえ私たちの個人的な感情がすべてそれに逆らうとしても、真理は真理なのです。魂のなかでこのような真理が生きている部分を意識魂と呼ぶことにします。

このように私たちは体《たい》と同様に、魂も感覚魂と悟性魂と意識魂という三つの部分に区別しなくてはなりません。体の性質は下から上に向かって、魂を制限するように作用し、霊の性質は上から下に向かって、魂を拡大するように作用します。というのも、魂がより多くの真理と善に満たされれば満たされるほど、魂のなかの永遠性はますます広大で、包括的なものになるからです。

感覚的な目を備えた人にとって、炎から輝き出す光が現実であるのと同じように、魂を「霊視」することができる人にとって、内面の永遠なるものが拡大することによって人間のなかから生じる輝きは現に実在しています。「霊視者」にとって、体としての人間は人間全体の一部分にすぎません。もっとも原初的な形成物である人間の物質体は、そのほかの形成物（構成要素）によって包み込まれ、さらにこれらの形成物がおたがいに浸透しあっています。エーテル体は生命の形態として物質体を満たします。そして私たちは、あらゆる方向に向かってこのエーテル体を越えて広がっている要素として、魂体（アストラル的な形姿 Astralgestalt）を認識します。さらにこの魂体を越えて感覚魂が、続いて悟性魂が広がっています。悟性魂は真理と善のなかから、より多くのものを受け入れれば受け入れるほど、ますます大きくなります。なぜならこのような真理と善は悟性魂を拡大させるような作用を及ぼすからです。自分の好みや好き嫌いの感情だけに従って生きている人間の悟性魂の境界は、感覚魂の境界と重なりあっています。私たちは物質体を雲のように包んで現れる、さまざまな形成物を人間のオーラ menschliche Auraと呼ぶことができます。筆者が本書で記述している方法に従って霊視するとき、「人間の本質」はオーラがあるぶんだけ、より豊かなものになります。

＊　＊

子どもが一定の成長段階に到達すると、人間が生まれて初めて、自分以外の世界と向きあう自立した存在として、自己を体験する瞬間がやってきます。それは繊細な感覚を備えた人間にとっては、重要な意味をもつ体験となります。詩人のジャン・パウル(5)は、自伝的な文章のなかで次のように述べています。

「いままで誰にも語ったことのない、私の内面で起こった現象を、私はけっして忘れることができません。それは、私が自分自身の自己意識が誕生する瞬間に居あわせた、という現象です。この現象に関して、私は場所と時間まではっきりと告げることができます。ある日の午前中、とても幼い子どもだった私は、家の玄関のドアの前に立ち、左手に積んである薪の山のほうを見ました。そのとき突然、私は私である、という内面的なヴィジョンが、天から降ってくる稲妻のように私をとらえました。そしてそれ以降も、この内面的なヴィジョンは輝きながらずっと持続し続けました。このとき私の自我は初めて、そして永遠に、自分自身を見たのです。これが記憶違いであるとは、とうてい考えられません。なぜなら、覆い隠されたもっとも神聖なもののなかだけで生じた出来事のなかに（この出来事があまりにも新鮮なものだったため、ごくありふれた日常生活の状況が永続的な性格を帯びるようになったのです）それと無関係な話がよけいな事柄を伴って混入することなどはありえなかったからです[6]」

よく知られているように、幼い子どもは自分自身について、「カールはお行儀がいい」とか「マリーはそれが欲しい」などといいます。私たちは、自分のことをほかの人間のように話すのはいかにも子どもらしいふるまいである、と考えます。なぜなら子どもはみずからの自立した本質をまだ意識できませんし、自己意識はまだ子どものなかで生まれていないからです。自己意識をもつことによって、人間は自分自身のことを自立した存在、すなわち自分以外のすべてのものから一人立ちした存在である「私（自我）」と呼びます。人間は「自我」のなかで、体的・魂的な存在として体験するすべてのことを一つにまとめます。体と魂は「自我」の担い手です。自我は体と魂のなかで活動します。脳が物質体の中心点であるように、「自我」は魂の中心点です。人間は外界から刺激を受けて感覚を抱きます。感情は外界の影響として現れます。そして意志は外界と関わります。なぜなら意志は人間が外界のなかで行動することによって現実のものになるからです。人間の本来の本質である「自我」は、私たちの目にはまったく見えません。だからこそジャン・パウルは「自我」の存在に気づくことを、「覆い隠されたもっとも神聖なもののなかだけで生じた出来事」と、的確な言葉で表現しているのです。というのも、自分自身の「自我」をもつことによって、人間はまったく一人になるからです。

この「自我」は人間自身です。人間は「自我」をもつことによって、このような「自我」そのものを自分自身の真の本質と見なすことができるようになります。ですから人間は自己の体と魂を、そのなかで人間が生きるための「覆い Hüllen」と呼ぶことができます。また人間はこのような覆いを、それをとおして人間が活動するための体的な条件、と呼ぶこともできます。成長するにつれて、人間は体と魂という道具をいっそう自分自身の「自我」のしもべとして使うことを学びます。たとえばドイツ語の「Ich（私）」は、自分自身をほかのすべての存在から区別する言葉です。この言葉の本質について正しく思考すると、私たちの前に、人間の本質をより深く認識するための入り口が開かれます。人間は誰でも同じように、「私」以外の言葉を、それに対応する事物をさすのにもちいることができます。すべての人間はテーブルを「テーブル」と、椅子を「椅子」と呼びます。しかし「自我」という言葉に関しては、このことはあてはまりません。どんな人も、自分以外の人間のことをいい表すために「私」という言葉を使うことはできません。どの人も自分自身だけを「私」と呼ぶことができるのです。「私」という言葉が私のことをいい表すときには、それが外から私の耳に入ってくることはありません。ただ内面から外に向かって、自分自身のみをとおして、人間の魂は自己のことを「私」といい表します。つまり人間が自分自身を「私」と呼ぶとき、体や魂という「覆い」が属する世界とは関わらない要素が人間のなかで語り始めます。このようにして「自我」は、ますます体と魂の支配者になっていきます。

このような事実は、オーラのなかにはっきりと現れます。自我が体と魂を支配すればするほど、それだけいっそうオーラはさまざまな構成要素に分かれていき、変化に富んだ、色彩豊かなものになります。「霊視者」は、自我がオーラに及ぼす影響を霊視することができます。「霊視者」にも、自我そのものを見ることはできません。自我は、実際には「覆い隠されたもっとも神聖なもの」のなかに存在しているからです。

自我は、永遠の光として人間のなかで輝く、光の放射を自分自身のなかに受け入れます。人間は体と魂の体験を「自我」のなかで一つにまとめ、真理と善に関する思考を「自我」のなかに流れ込ませます。一方において感覚的な現象が「自我」の前に出現し、他方において霊が自我の前に姿を現します。体と魂は、「自我」に身をゆだね、「自我」のために仕えます。そして「自我」は、霊に身をゆだね、霊によって満たされます。「自我」は体と魂のなかで生きます。そして霊は「自我」のなかに入り込み、そのなかで生きます。霊から自我へと入ってきて、自我のなかに存在しているものは永遠性です。なぜなら自我は、みずからが結びついているものをとおして本質と意味を与えられるからです。自我は、物質体のなかで生きているという点において鉱物的な法則に従います。また自我はエーテル体をとおして生殖と成長の法則に、感覚魂と悟性魂をとおして魂の世界の法則に従います。そして自我は、霊的なものを受け取るという点において霊の法則に従います。鉱物的な法則や生命の法則によって形成される存在は、生まれたり、消えたりします。しかし霊は発生や死滅と関わることはありません。

*　　*

自我は魂のなかで生きています。確かに「自我」は最高の現れとしては意識魂と密接に結びついていますが、その一方で「自我」は光を発しながら魂全体を満たし、魂をとおして体にも作用を及ぼします。霊は自我のなかで生活します。霊は自我のなかに光を放射します。自我が体と魂の内部で、体と魂を「覆い」として身にまとって生活しているのと同じように、霊は自我の内部で、自我を「覆い」として身にまとって生活します。霊は自我を内から外に向かって形成し、鉱物の形態を外から内に向かって形成します。ここでは「自我」を形成し、「自我」として生活する霊のことを「霊我 Geistselbst」と呼ぶことにしましょう。なぜならこのような霊は、人間の「自我」あるいは「自己」となって姿を現すからです。「霊我」と「意識魂」の違いに関しては、以下のように説明することができます。意識魂は、「あらゆる反感や共感から独立し、それ自体をとおして存在している真理」をとらえます。一方、霊我はその内部にこれと同じ真理を担っていますが、この真理は「自我」のなかに受け入れられ、「自我」によって包み込まれます。真理は自我によってその人間個人のものとなり、その人間の自立した本質のなかに受け入れられます。永遠の真理がこのようにして自立し、「自我」とともに一つの実体へと結びつけられることによって、「自我」そのものは永遠性を受け取ります。

　感覚的な知覚が自我の内部における物質的な世界の現れであり、霊我は自我の内部における霊的な世界の現れです。人間は、赤であったり、緑であったり、明るかったり、暗かったり、硬かったり、柔らかかったり、暖かかったり、冷たかったりするもののなかに物質的な世界の現れを認識します。また人間は、真理であり善であるもののなかに霊的な世界の現れを認識します。物質的なものが姿を現すことを感覚Empfindungと呼ぶのと同じ意味において、霊的なものが姿を現すことをイントゥイションIntuition（直観）[7]と呼ぶことにしましょう。もっとも単純な思考でさえも、すでにイントゥイションを含んでいます。なぜなら私たちは、このような思考を手で触れたり、目で見たりすることはできないからです。私たちは思考の現れを、霊のなかから、自我をとおして受け取らなくてはなりません。

　発達が不十分な人間と、十分に発達を遂げた人間が、それぞれ植物を観察する場合、発達が不十分な人間の自我のなかには、十分に発達した人間の自我のなかに存在しているのとはまったく別の要素が作用しています。にもかかわらず、この二人の人間の感覚は同じ対象によって呼び起こされます。両者の違いは、「一方の人間はもう一方の人間よりも、事物に関して、はるかに完全な思考を作り上げることができる」という点にあります。もし事物が感覚をとおしてのみ姿を現すのだとしたら、人間が霊的な発達において進歩することはありえないことになります。まだ発達していない人間も、自然を感じ取ることはできます。しかし自然の法則は、より高度な発達を遂げた人間が、イントゥイションによって刺激を受けた思考を働かせるときに、初めてその姿を明らかにします。子どもも、外界から受け取る刺激を意志の衝動として感じ取ることはできます。しかし子どもは成長を遂げるあいだに、霊のなかで生き、霊の現れを理解することを学ぶことによってのみ、道徳的に善なるものが命じることを理解できるようになります。

目がなければ色彩の感覚が存在しないのと同じように、霊我の高次の思考がなければイントゥイションは生じません。感覚が、色彩を帯びた植物を作り出すわけではないのと同じように、イントゥイションが霊的なものを生み出すことはありません。イントゥイションは霊的なものに関する知らせをもたらすだけなのです。

魂のなかで生きる人間の自我は、感覚をとおして物質的な世界のなかから情報を集め、イントゥイションをとおして上から、つまり霊的な世界から知らせを受け取ります。人間の自我は、感覚をとおして物質的な世界を魂自身の生活にし、直観をとおして霊的な世界を魂自身の生活にします。魂は（より正確にいうと魂のなかで光輝く自我は）物質的なものと霊的なものという、二つの方向に向かって門を開くのです。

物質的な世界の素材と力によって人間の体が形成されると、この体のなかで意識をもった魂が生活し、外界の物質的な存在を知覚するための器官が生み出されます。物質的な世界はこのような道をたどることによってのみ、自我の前に姿を現します。また霊的な世界の霊的な素材と霊的な力によって霊的な体が形成されると、自我はこの霊的な体のなかで生活し、イントゥイションをとおして霊的な事柄を知覚するようになります（霊的な素材や霊的な体といった表現が言葉の意味として矛盾を含んでいるのは明らかです。筆者はここで、人間の物質体に対応する霊的な要素に読者の思考を向けるという目的のためだけに、このような表現をもちいています）。

物質的な世界において、個々の人間の体が周囲から切り離された存在として作り上げられるのと同じように、霊的な世界では、霊的な体が周囲から隔てられた存在として形成されます。物質的な世界だけではなく、霊的な世界においても、人間の内面と外面が存在します。人間は周囲の物質的な世界から素材を受け取り、物質体のなかで消化するだけではなく、さらに自分を取り巻く霊的な世界から霊的なものを受け取り、それを自分自身のものにします。霊的なものは人間の永遠の養分です。人間は、物質的な世界から生まれるのと同じように、霊のなかから真理と善の永遠の法則をとおして生まれます。人間は、自立した存在としてすべての物質的な世界から切り離されているだけではなく、自分の外に存在する霊的な世界からも隔てられています。このような自立した霊的な存在を「霊人Geistesmensch」と呼ぶことにしましょう。

人間の物質体を調べてみると、私たちはそこに、物質体の外の物質的な世界に存在しているのと同じ素材や力を見出します。霊人に関しても同じことがいえます。霊人のなかでは、外の霊的な世界の要素が脈打ち、霊的な世界の力が作用しています。物質的な世界で生活したり知覚したりする存在は物質的な皮膚に包まれながら、それ自身のなかで完結していますが、それと同じような現象が、霊的な世界でも見られます。霊人は霊的な皮膚によって霊的な世界全体から隔てられ、霊的な世界の内部において、みずからの内面で生活を営み、イントゥイションをとおして世界の霊的な内容を知覚する、自立した霊存在になります。

このような「霊的な皮膚」を霊的な覆い Geisteshülle（オーラ的な覆い）と呼ぶことにしましょう。ここで私たちは、「このような『霊的な皮膚』は、人間が進歩するとともに拡大し続ける。したがって霊的な意味における個人（人間のオーラ的な覆い）は限りなく大きく広がっていくことが可能である」という点をはっきりと理解しておく必要があります。

このような霊的な覆いの内部で、霊人は生活します。物質体が物質的な生命力によって作り上げられるように、霊人は霊的な生命力によって形成されます。ですから私たちは、先に物質的な人間のエーテル体について考察した場合と同じように、霊人のエーテル的な霊に目を向けなくてはなりません。このようなエーテル的な霊を生命霊 Lebensgeist と呼ぶことにします。

したがって人間の霊的な本質は霊人・生命霊・霊我という三つの部分に分けられることになります。

霊的な領域における「霊視者」にとって、人間の霊的な本質は、オーラの高次の（つまり本来の霊的な）部分として知覚することが可能な現実です。「霊視者」は霊的な覆いの内部に、霊人の生命霊を「霊視します」。そして「霊視者」は、このような「生命霊」が持続的に、外の霊的な世界から霊的な養分を受け取ることによって拡大していく様子を「霊視します」。そしてさらに「霊視者」は、このようにして霊的な栄養を受け取ることによって霊的な覆いが拡大し続け、霊人がますます大きくなっていく様子を目にします。このように「大きくなっていく」様子を空間的に「霊視する」限りにおいて、これは現実を映し出す一つのイメージにすぎません。にもかかわらず、このようなイメージを思い浮かべることによって、霊視する人間の魂はこのイメージと結びついている霊的な現実をとらえています。「人間の物質的な本質の大きさは限定されているのに対して、人間の霊的な本質は限りなく成長することができる」という点において、人間の霊的な本質は物質的な本質と異なっています。人間が摂取する霊的な栄養は、永遠の価値をもっています。したがって人間のオーラは、浸透しあう二つの部分から成り立っています。オーラのある部分において、人間の物質的な存在と結びついた色彩と形態が発生し、ほかの部分において、人間の霊的な存在と結びついた色彩と形態が発生します。

このようにして自我は人間を、物質的な存在と霊的な存在という二つの部分に分けます。物質的な存在としての人間は独自の方法でみずからを捧げて体を形成し、そのなかで魂が生活できるようにします。一方自我もみずからを捧げて、そのなかで霊が生活できるようにします。このことによって霊は魂のなかに浸透していき、霊的な世界のなかでめざすべき目標を魂に示します。体をとおして、魂は物質的なもののなかに組み込まれます。また霊人をとおして、魂には霊的な世界で活動するための翼が与えられます。

＊　＊

人間全体をとらえるためには、私たちは人間を、以上述べてきたような構成要素から成り立っている存在として考えなくてはなりません。物質体は物質的な素材の世界のなかから形成され、その構造は思考存在としての自我をめざして秩序立てられます。生命力によって貫かれることによって、物質体はエーテル体あるいは生命体になります。このエーテル体は感覚器官をとおして外に向かって開かれ、魂体になります。この魂体のなかに感覚魂が浸透し、魂体と一体になります。感覚魂は外界の印象を感覚的な知覚として受け取るだけではありません。感覚魂は、一方においては感覚の作用を受け取り、他方においては思考の作用を受け取ります。このようにして感覚魂は悟性魂になります。悟性魂は、下方向の感覚に対して開かれているだけではなく、上方向のイントゥイションに対しても開かれているからこそ、思考の作用を受け取ることができるのです。直観に対して開かれることによって、悟性魂は意識魂になります。物質体が悟性魂のために感覚器官を形成するのと同じように、霊的な世界が悟性魂のなかに直観するための器官を形成することによって、悟性魂が意識魂になることが可能になります。感覚が魂体をとおして感覚的な知覚を生じさせるように、霊はイントゥイションのための器官をとおして悟性魂にイントゥイションをもたらすのです。物質体が魂体のなかで感覚魂と結びついているのと同じように、霊人は意識魂と一つに結びつきます。意識魂と霊我は一つの統一体を形成します。エーテル体が魂体のために「体《たい》」として生活する基盤を形成しているように、霊人はこのような意識魂と霊我の統一体のなかで生命霊として生活します。そして物質体が物質的な皮膚のなかで完結しているのと同じように、霊人は霊の覆いのなかで完結しています。このようにして全体的な人間の構成要素は以下のようになります。

A　物質体
B　エーテル体あるいは生命体
C　魂体
D　感覚魂
E　悟性魂
F　意識魂
G　霊我
H　生命霊
I　霊人

地上の人間の場合、魂体（C）と感覚魂（D）は一体になっています。また同様に、意識魂（F）と霊我（G）も一つに結びついています。

そのため地上の人間は七つの部分から構成されていることになります。

1　物質体
2　エーテル体または生命体
3　感覚的な魂体
4　悟性魂
5　霊によって満たされた意識魂
6　生命霊
7　霊人

「自我」は魂のなかで光を発し、霊のなかから入り込んでくるものを受け取ることによって霊人の担い手となります。このようにして人間は「三つの世界」（物質的な世界・魂的な世界・霊的な世界）に関与します。人間は、物質体とエーテル体と魂体をとおして物質的な世界に根をおろし、霊我と生命霊と霊人をとおして霊的な世界に向かって花を咲かせます。そして一方において根をおろし、他方において花を咲かせる幹に相当するのが魂です。

以上のような人間の構成要素と完全に調和させながら、私たちはさらに人間の構成要素の形態を簡略化することができます。人間の「自我」は意識魂のなかで光を発し、さらに魂的な本質全体を貫きます。一般に、このような魂の本質を構成する諸部分は、体を構成する要素のように明確に分かれてはいません。魂の本質を構成する諸部分は、高次の意味において相互に浸透しあっています。悟性魂と意識魂を、緊密に結びついた自我の二つの覆いととらえて、自我をこの覆いに包まれた核と見なすならば、私たちは人間を「物質体・生命体・アストラル体・自我」に分けることができます。この場合、「アストラル体」という言葉は魂体と感覚魂を一つにあわせたものを表します。「アストラル体」という表現は過去の文献にも見出されますが、本書では「アストラル体」という言葉を、「人間の本質において感覚的に知覚できるものを超越している要素」に関して、自由にもちいることにします。感覚魂はある意味において自我の力によっても貫かれていますが、感覚魂は魂体ときわめて緊密に結びついているため、感覚魂と魂体があわさって一体になっていると考えるならば、感覚魂と魂体の両方に対して「アストラル体」という一つの言葉をもちいることができるのです。自我が霊我によって貫かれるとき、人間のなかに霊我が姿を現し、アストラル体のなかの魂的なものが作り変えられます。アストラル体のなかでは、初めは、人間が感じ取る衝動や欲求や情熱が作用しています。さらにアストラル体のなかでは、感覚的な知覚も作用しています。感覚的な知覚は、外界と関わる人間の構成要素である魂体をとおして生じます。人間の内面が霊我に身をゆだねる前に、感覚魂が内面的な力によって貫かれると、衝動や欲求や情熱などが感覚魂の内部に生じます。その一方で「自我」が霊我によって貫かれると、魂はこの霊我をとおしてアストラル体のなかに力を送り込みます。その結果、人間の衝動や欲求や情熱は、自我が霊から受け取ったものによって照らし出されます。このとき自我は、霊的な世界に関与することによって、衝動や欲求などの領域を支配します。自我が衝動や欲求などを支配すればするほど、いっそう霊我はアストラル体のなかに姿を現すようになります。そしてこのことによって、アストラル体そのものが変化します。そのときアストラル体自体は、変化していない部分と変化した部分の、二つの部分から成り立つ存在となります。こうして私たちは、人間のなかに姿を現す過程に目を向けることによって、霊我を、変化したアストラル体と呼ぶことができます。また、人間が自我のなかに生命霊を受け入れるときにも、これと似たような事象が生じます。この場合には生命体が変化します。生命体は生命霊によって貫かれます。そして生命霊は、生命体が変化することによって、姿を現します。ですから私たちは、生命霊は変化した生命体である、ということができます。さらに自我は霊人を受け入れることによって、物質体のなかに浸透するための強い力を受け取ります。当然のことながら、私たちは、このようにして変化した物質体の一部分の、本来の霊的な姿を物質的な感覚をもちいて知覚することはできません。物質体の一部が霊化されると、その部分は実際に霊人に変化しています。ただし私たちは、それが表面上、物質的な形で姿を現すかぎりにおいてのみ、この霊化した部分を、感覚的に知覚することができます。物質体が霊化しているという意味において、当然私たちはそれを霊的な認識能力をとおして知覚しなくてはならないのですが、私たちが外界に感覚を向けるときには、霊的なものに貫かれた物質体は感覚的なレベルでその姿を現すのです。

ここまで述べてきたすべての事柄に基づいて、私たちは人間の構成要素を以下のように分類することができます。

1 物質体
2 生命体
3 アストラル体
4 自我または魂の核
5 霊我または変化したアストラル体
6 生命霊または変化した生命体
7 霊人または変化した物質体

原註——筆者は本書の執筆後、長い期間にわたってここでエーテル体もしくは生命体と呼ばれているものを「形成力体」**Bilde-Kräfte-Leib**と呼んできました（雑誌『ダス・ライヒ *Das Reich*』第一年次・第四巻［一九一七年一月］参照[8]。当時、筆者はこのような名称で呼ぶ必要を感じていました。なぜなら筆者は、「読者が誤解して、ここでエーテル体としていい表されているものを過去の科学者が唱えた『生命力』と混同することがないように、どんな予防措置をとっても十分すぎるということはない」と考えたからです。現代の自然科学の観点から、生命力に関するこのような過去の考え方が否定される場合には、筆者はある意味においてこのような力に反対する人びとと同じ立場に立っているといえます。過去の科学者が唱えた、生命力に関する考え方を蒸し返そうとした人びとは、このような古い考え方をもとにして、有機体のなかで無機的な力が作用する特別の現象について説明しようとしました。しかし実際には有機体のなかで無機的に作用している力は、無機的な世界のなかでのみ作用しています。有機体のなかで作用する無機的な自然の法則は、水晶などの鉱物のなかで作用する法則とまったく同じです。しかし有機体のなかには、さらに無機的ではないものが存在しています。それこそが形成的に作用する生命にほかなりません。このような形成的に作用する生命の基盤になっているのは、エーテル体もしくは形成力体です。科学者がエーテル体もしくは形成力体の存在を認めても、無機的な自然の内部で観察される力の作用をさらに有機的な自然のなかに追求するという、自然科学の正当な使命が妨げられることはありません。そして真の霊学の探求者は、科学者が、「このような無機的な自然のなかで働く作用が有機体の内部において特別の生命力によって変化させられる」という考え方を拒否するのはもっともなことである、と考えます。霊の探求者は、「人間が無機的なものの内部に見出すものとは別の事象が有機体のなかで姿を現す」という観点に立って、エーテル体について語ります。

以上述べてきたような事情があるにもかかわらず、本書の筆者は、ここで「エーテル体」という名称をもう一つの「形成力体」という言葉で置き換える必要があるとは考えません。というのも、この本全体の文脈のなかでは、理解しようという意志さえあれば、読者が誤解を抱くことはありえないからです。誤解が生じる可能性があるのは、このような文脈を欠いた論述のなかで、このような名称をもちいる場合だけです（以上述べたこととあわせて、さらに本書の巻末の「注解と補足」で述べられている事柄を参照して下さい）。

▼霊の再受肉と運命（輪廻転生とカルマ）

魂は体と霊の中間で生活しています。魂が体をとおして受け取る印象は、過ぎ去っていきます。このような印象は、外界の事物に対して、体の器官が開かれているあいだだけ存在します。たとえば私の目は、薔薇の花が目の前に存在し、目そのものが開かれているあいだだけ、薔薇の色彩を感じ取ります。印象や感覚や知覚が生じるためには、外界の事物と体の器官がいま現在存在していなくてはなりません。しかし私が霊をとおして薔薇に関する真理として認識したものは、いま現在存在しているものとともに過ぎ去っていくことはありません。それは真理として、完全に私から自立しています。たとえ私が一度も薔薇の花を目にしたことがないとしても、やはりそれは真理なのです。私が霊をとおして認識する事柄は、魂的な生活の要素から生じます。このような魂的な生活の要素をとおして魂は、過ぎ去りゆく体と関わらないで開示される世界の内容と結びつきます。この場合、私たちが、「このとき魂が受け取る開示は、本当にどのような状況においても過ぎ去ることはないのか」ということだけを問いかけても意味はありません。むしろ私たちは、「魂が開示を受け取るときには、魂の過ぎ去りゆく体的な基盤ではなく、過ぎ去りゆくものと関わらない魂的な要素が重要な役割をはたしているのではないのか」と問いかけるべきなのです。「そこには、魂の過ぎ去りゆく要素と関わらない体験が存在している」ということに気づくときに、私たちは魂のなかの持続する要素を観察することができるようになります。確かに私たちは、魂の過ぎ去りゆく要素と関わらない体験を意識化するためには、少なくとも最初のうちは、体の組織のなかで生じる過ぎ去りゆく事象をよりどころとしなければなりませんが、このことはあまり重要ではありません。それ以上に私たちが注目しなくてはならないのは、「魂の過ぎ去りゆく要素と関わらない体験のなかには、魂のなかで生きているにもかかわらず、過ぎ去りゆく知覚のプロセスとは無関係な、真理と結びついた事柄が含まれている」という事実なのです。魂は、体と霊の中間に位置することによって、現在存在するものと持続し続けるもののあいだに存在しています。また魂は、現在存在するものと持続し続けるものを仲介する役割もはたしています。魂は現在存在しているものを保持することによって記憶を生じさせ、そのことによって現在存在しているものを過ぎ去りゆく性質から引き離し、魂のなかの霊的な要素に含まれている、持続する性質のなかに引き入れます。魂はその生活において、過ぎ去りゆく刺激のみに身をゆだねるわけではありません。魂は、みずからさまざまな事柄を決定し、行動をとおして魂の本質をこのような事柄のなかに組み込むことによって、地上的な時間のなかに置かれている過ぎ去りゆくものに、持続する性質を刻みつけます。魂は記憶をとおして過去を保持します。魂は行動をとおして未来を準備します。(1)

たとえば記憶することによって薔薇の赤い色を保持することができないとすると、私の魂は赤という色を意識のなかに上らせるために、それをたえず新たに知覚しなくてはなりません。外界から印象を受け取ったあとも消え去ることなく、魂によって保持されるものは、外界の印象から独立して、ふたたび表象 Vorstellung となります。このような能力をとおして、魂は外界をみずからの内面的な世界に移し変えます。魂は記憶することによって（あとで思い出すときのために）内面的な世界を保持し、受け取った印象から自由になった、自分自身の生活を営みます。このようにして魂は、外界の過ぎ去りゆく印象の持続的な作用を含む生活を営みます。

そして行動も、外界に刻みつけられることによって持続的なものになります。たとえば私が木から枝を切り取ると、私が魂によって駆り立てられてこのような行動を取ったことによって、外界の出来事の経過を完全に変えてしまうような事柄が生じたことになります。もし私が行為をとおして外界を変化させなかったら、木の枝にはまったく別の事柄が生じたはずです。私は、私が存在していなければ起こりえなかった、一連の作用を生み出したのです。私が今日行ったことの作用は、明日も持続します。記憶することをとおして昨日の私の印象が私の魂のなかで持続し続けるように、私が今日行った行為の作用は、その後もずっと持続し続けるのです。

私たちは、知覚と結びついた体験が「記憶」をとおして持続的なものになる、ということを自分で意識化することができます。しかし私たちは通常の意識状態において、私たちが行うことは行為そのものの作用をとおして持続的なものになる、ということをはっきりとイメージすることはありません。しかし実際には人間の「自我」は、印象から生じる記憶と結びついているだけではなく、人間の行為をとおして世界のなかで引き起こされる変化とも結びついているのです。ある事柄を記憶しているか、記憶していないか、という違いによって、人間の「自我」は新しい印象に対して、異なった判断を下します。それと同じように、ある行為を行ったか、行わなかったか、という違いによって、人間の「自我」と世界の関わり方は別のものになります。私がある行為をとおして、別の人間に印象を与えることによって、私の「自我」と世界の関係において、ある事柄が存在することになります。周囲の世界に印象を与えると、私は世界に対する関係において、それまでとは別の人間になります。ただし、何かを記憶することによって「自我」が変化する場合とは違って、ここで述べているような事柄を人間が自分で意識化することはありません。記憶が形成されると、それはすぐに人間がそれまでずっと自分のものであると感じてきた魂的な生活と結びつくので、人間は記憶することによって自分の自我が変化したことに気づきます。しかし行為の外に向かう作用は、このような魂の生活からは独立しており、人間がこの行為について記憶している事柄とは別の結果を生み出しながら進行していきます。ここで私たちは、行為を行ったあとでは、人間が「自我」をとおしてみずからの性格を刻印した何かが世界のなかに存在している、という事柄を認めなくてはなりません。ここで考察している事柄についてよく考えてみるとき、私たちは次のような思考に到達します。すなわち外界のなかに誘因が生じるときには、記憶のなかに保持されている印象がふたたびよみがえってくるだけではなく、さらに過去に行われた行為の結果が（この結果には、「自我」をとおして行為の本質が刻印されています）自我にふたたび近づこうとするのです。記憶のなかに保持されている事柄は、このような誘因がやってくるのを待ち受けています。誘因が与えられると記憶が内面から湧き上ってきて魂のほうに近づいてくるのと同じように、外界のなかで自我の性格を刻印されているものは、外から人間の魂に近づくための誘因が生じるのを待ち受けています。とりあえずここでは、このような事柄を一つの問いかけとして提示しておくことにします。なぜなら場合によっては、誘因がまったく生じないのに、自我の性格と結びついた行為の結果が人間の魂と出会うこともあるからです。しかし目の前の事実についてよく考えてみることによって、私たちは、「自我の性格と結びついた行為の結果は、そのようなものとして現実に存在している。そして現実に存在している行為の結果は、世界と自我の関係を決定している」ということをイメージできるようになります。以下の考察においては、「人間の人生には、このようなイメージ『可能な』表象をとおしてとらえることができるような現実が存在しているのか」ということについて探っていくことにします。

＊　＊

まず初めに記憶について考えてみましょう。記憶はどのようにして生じるのでしょうか。記憶は明らかに、感覚や知覚とは別の道筋をたどって生じます。確かに目がなければ、私は「青」を感じ取ることはできませんが、私は目そのものをとおして、青という色彩を記憶するわけではありません。いま、目が青色の感覚を私に伝えるためには、青い色をした事物が目の前に現れなくてはなりません。知覚という営みをとおして現在の表象が形成されるとき、同時に外界と魂の関係においてあるプロセスが生じないなら、体の性質はつねに、あらゆる印象をふたたび無のなかに消滅させてしまうことでしょう。しかし実際には、人間は表象が生じるきっかけとなる外界の事物に関するイメージを、あとで自分自身のなかで生じるプロセスをとおして、ふたたび思い出すことができるのです。魂を観察する訓練をすると、私たちは、「今日ある表象を抱くと、明日になると、この表象は記憶をとおしてふたたび姿を現す。この表象は今日と明日のあいだ、人間のなかのどこかに留まっていたのである」といった説明は完全にまちがっていることを理解するようになります。このような説明は事実に即していません。私がいまいだいているこの表象は、「いま」という瞬間とともに過ぎ去っていく現象です。記憶が現れるときには、私のなかにあるプロセスが生じます。このプロセスは、外界と私のあいだに、現在の表象以外に、それとはまったく別のことが生じることによって引き起こされます。記憶によって生み出される表象は新しい表象であって、保存されていた古い表象ではありません。記憶の本質はまさに、人間は記憶をふたたび表象することができる、という点にあります。記憶において、過去の表象がそのまま、ふたたびよみがえるなどということはありえないのです。ふたたび姿を現す表象は、過去の表象とは別のものです（筆者が以上のように述べたのは、私たちは霊学の領域においては、ある種の事柄に関して通常の人生よりも、それどころか通常の学問よりも、より厳密に表象する必要があるからです）。

「私が何かを思い出す」ということは、「私は、もうそれ自体存在しなくなった事柄を体験する」ということを意味します。私は過去の体験を、私の現在の生活と結びつけます。このことはすべての記憶にあてはまります。たとえばある人物に出会った場合、その人には昨日すでに会っているので、私はその人をふたたび識別することができます。もし私が、昨日知覚をとおして表象した事柄を、今日この人から受け取る印象と結びつけることができないならば、この人は私にとってまったく見知らぬ人物となることでしょう。今日の表象は知覚、つまり私の感覚的な組織をとおして生み出されます。では誰が昨日についての表象を私の魂のなかに呼び起こすのでしょうか。昨日私が体験するときに居あわせていて、今日の体験においても居あわせているものは、私のなかの同じ本質です。それは、私たちがここまでの記述において魂と呼んできたものです。このような忠実な過去の番人がいなかったら、あらゆる外面的な印象は、人間にとって繰り返し新しいものであり続けることでしょう。魂は、ある事柄を記憶に変え、それを一種の目印をとおして体に刻みつけます。そして魂はこのような刻みつけを行ったあとで、外界を知覚するときと同じように、自分自身で刻みつけたものを知覚します。このようにして魂は記憶の番人となるのです。

　魂は過去の番人として、ずっと霊のために宝物を集め続けます。私が正しいこととまちがっていることを区別することができるのは、人間としての私が、真理を霊のなかでとらえる思考存在だからです。真理は永遠です。かりに過ぎ去った事柄がたえず私の目の前から姿を消し、すべての印象が私にとって新しいものになるとしても、真理が繰り返し事物に即して、私の前に姿を現すことは可能です。しかし実際には、私のなかの霊は現在の印象のみに目を向けているわけではありません。私の魂は霊の視野を過去のかなたへと拡大します。魂が過去のなかから霊の視野に多くのものをつけ加えることができればできるほど、魂は霊の視野をより豊かなものにします。このようにして魂は、体をとおして知覚したものを霊に伝えるのです。

　このことによって人間の霊は、人生のすべての瞬間において、二つのものを担うことになります。その第一は真理と善の永遠の法則であり、第二は過去の体験についての記憶です。人間の霊は、この二つの要因によって影響を受けながら、みずから行うべきことを成し遂げます。ですからある人間の霊について理解しようと思うならば、私たちはその人間の霊に関して二とおりのことを知らなくてはなりません。すなわちその第一は、どれだけ多くのものが永遠性のなかからその人間の霊に対して啓示されたか、ということであり、第二は、どれだけ多くの過去の宝物がその人間の霊のなかに蓄積されているか、ということです。

霊にとって、このような宝物が姿を変えないで、そのままずっと持続し続けることはありません。人間が体験をとおして受け取る印象は、少しずつ記憶から消え去っていきます。しかしこのような印象の成果は消え去ることはありません。私たちは、子どもの頃に読み書きの方法を習得したときの体験をすべて覚えているわけではありません。しかし、もしこのような体験をすることなく、その成果が能力という形でずっと保存されなかったとしたら、私たちは読んだり書いたりすることはできないでしょう。記憶の宝物は霊の働きをとおして、このように変化するのです。霊は、個々の体験のイメージは過ぎ去るにまかせて、そこから霊の能力を高める力だけを取り出します。どのような私たちの体験も利用されないで過ぎ去っていくことはないのです。魂は体験を記憶として保存するために働き、霊は体験のなかから霊の能力を（つまり霊的な人生の内実を）豊かにしてくれるものを受け取ります。人間の霊は、消化された体験をとおして成長するのです。

過ぎ去った体験は霊のなかで、貯蔵庫に置かれるように、そのまま保管されるわけではありません。私たちは過去の体験の作用を、人間が獲得した能力のなかに見出すことができるのです。

＊　＊

ここまで私たちは、誕生と死の範囲内で霊と魂を観察してきました。しかし私たちはここで立ち止まるわけにはいきません。ここで立ち止まろうとするのは、誕生と死の範囲内でのみ観察しようとするようなものです。確かに私たちは誕生と死の範囲内に目を向けるだけでも、人間の肉体を多くのものを見出すことができます。しかし私たちは誕生と死のあいだに存在する事柄をもとにして、そこに人間の形姿について説明することはできません。人間の形姿は、物質的な素材や力をもとに直接生み出されることはありえません。人間の形姿は、それとよく似た親の形姿から生まれますが、このような親の形姿も、生殖をとおして伝えられるものに基づいて生じたのです。生きている人間の体は物質的な素材と力によって形成され、この体のなかから生殖の力をとおして、よく似た形姿をもつ別の体が（つまり同じような生命体の担い手となる体が）生み出されます。

すべての生物はその祖先の形姿を繰り返します。だからこそ、生物は好き勝手な形姿ではなく、遺伝的に伝えられた形姿で現れるのです。私の人間としての形姿を生み出した力は、私の祖先のなかに存在していました。しかし人間の霊は、特定の形姿を身にまとって現れます（この場合、形姿という言葉はもちろん霊的な意味においてもちいられています）。霊的な形姿は一人ひとりの人間において、考えられる限り、きわめて多様なものとなっています。二人の人間が、同じ霊的な形姿をもつことはありません。私たちはこのような霊的な領域においても、物質的な領域に目を向ける場合と同じように、穏やかに、事実に基づいて観察しなくてはなりません。個々の人間の霊的な違いは、環境や教育などの相違のみによって生じるわけではありません。事実はけっしてそのようなものではありません。なぜなら二人の人間は、同じ環境や教育の影響のもとで育つ場合にも、まったく異なった形で発達していくからです。ですから私たちは、この二人の人間はまったく異なった素質をたずさえてそれぞれの人生の道に足を踏み入れた、ということを認めなくてはなりません。

ここで私たちは、ある重要な事実に直面することになります。私たちがその意義を正しく認識するとき、この事実をとおして人間の本質が明らかになります。確かに物質的な事象のみに目を向けて思考する人は、一人ひとりの人間の人格の相違は物質的な胚の性質の違いから生じる、という説を唱えることはできるでしょう（このように考える人は、グレゴール・メンデル[2]が発見し、そのほかの研究者がさらに展開していった遺伝の法則に基づいて科学的に考えても、一見正しいと思われるような、多くの説を述べることができます）。しかしこのような説を唱えることによって、その人は、人間と体験の関係を実際に理解していないことをみずから証明しているにすぎないのです。なぜなら事実に即して観察してみると、外界の環境は、物質的な胚の成長と直接関係のない要素をとおして、一人ひとりの人間に、それぞれ異なった方法で作用を及ぼすことがわかるからです。この点を厳密に調べてみると、次のようなことが明らかとなります。すなわち、魂が人間と体験の相互作用に関与することによって生み出される要素は、物質的な胚の素質から生じる要素とは別のものなのです。このとき魂は物質的な胚の素質とは無関係な本質を備えた、外界の要素と関わりあっています。

人間はその物質的な形姿によって、同じ地上の被造物である動物とは区別されます。しかし人間はある範囲内においては、おたがいに形姿が似かよっています。人間というただ一つの種だけが存在しています。人種や種族や民族や人格の違いがどんなに大きなものであっても、人間とある動物の種を比較する場合に較べて、人間と人間は物質的な側面において、はるかに似かよっています。人間という種のなかにははっきりと姿を現す要素はすべて、祖先から子孫へと伝えられるものによって生み出されます。人間の形姿は、このように遺伝的に伝えられる要素と結びついています。ライオンがライオンの祖先のみをとおして物質的な形姿を遺伝的に受け継ぐのと同じように、人間は人間の祖先のみをとおして、物質的な形姿を遺伝的に受け継ぎます。

私たちが目をとおして観察するときには、人間どうしの物質的な類似点が明らかになります。一方、とらわれない霊的なまなざしをとおして観察してみると、人間の霊的な形姿の違いが、私たちの前に姿を現します。ある事実に目を向けることによって、私たちはこのことをはっきりと理解できるようになります。それは、人間の人生に関する記述（伝記 Biographie）が存在している、という事実です。もし人間が単なる種としての存在にすぎないとしたら、人生に関する記述が存在することは不可能です。ライオンやハトの一生は、ライオンやハトの種に属しているという点においてのみ、意味をもちます。ライオンやハトの種について記述すれば、私たちは個々のライオンやハトを、すべての本質において理解したことになります。この場合、私たちがこれらの動物の親や子や孫について調べても、ほとんど意味はありません。これらの動物に関して重要な意味をもつ事柄は、その親にも子にも孫にも見出されます。ところが私たち人間は単なる種や属の一員ではなく、個人となるときに、ようやく本当の意味における人間になるのです。たとえばその息子や父親について記述したとしても、私はクレーヴィンケルに住んでいるシュルツェ氏という人物についてまったく理解したことにはなりません。シュルツェ氏について理解するためには、私はシュルツェ氏自身の人生の歩みを知らなくてはなりません。人間の人生の歩みの本質についてよく考えてみるとき、私たちは、霊的な観点から見ると、それぞれの人間は一人で一つの種になっているという事実に気づきます。

確かに、「人間の人生に関する記述とは、人生のさまざまな出来事を表面的につなぎあわせたものにすぎない」と考えている人は、「同じような意味において、人間の人生の歩みだけではなくイヌの一生の歩みについて記述することもできる」と主張するかもしれません。しかし人生に関する記述のなかである人物の個性について描写するとき、私たちは、「人間の個性には、動物界における種全体の特質に相当する要素が含まれている」ということを理解します。この場合、「ある動物、とくにある賢い動物に関して、伝記のようなものを書くことは可能だろうか（実際には、その答えはおのずと明らかなのですが）」と問いかけることよりも、「人間の人生に関する記述は、一匹の動物の一生に関する記述にではなく、動物の種そのものの記述に対応している」という事実に目を向けることのほうが重要なのです。私がここで述べている事柄に関して、「たとえば移動動物園の持ち主は、同じ種に属する動物が一匹ごとにどれほど異なっているかを、よく知っていますよ」といった反論をしようとする人は、繰り返し現れることでしょう。しかしこのような反論をすることによってその人は、動物の個体ごとの相違点と、人間一人ひとりが個人であることによって生じる相違点を、区別することができないということを示しているにすぎないのです。

遺伝的な条件に注目することによって、種や属を物質的な観点から理解することができるのと同じように、私たちは人間の霊的な本質について、それに類似した霊的な遺伝に目を向けることによってのみ理解することができるのです。たとえば私は人間の祖先から生まれることによって、私の物質的な人間の形姿を受け取りました。では私は、私の人生の歩みのなかに生じる要素をどこから受け取ったのでしょうか。私は物質的な人間として、私の祖先の形姿を繰り返します。では私は霊的な人間として、何を繰り返しているのでしょうか。ここで、「私の人生の歩みのなかで生じる事柄に関しては、それ以上説明する必要はありません。それはそのまま受け入れればよいのです」という人は、「私が土のかたまりをみていたら、それはひとりでに固まって、生きた人間になりました」という主張もしなくてはならないことになるでしょう。

私は物質的な人間として、私以外の物質的な人間から生まれます。物質的な人間としての私は、人類という種全体と共通する形姿をもっています。私は人類という種の特性を、種の内部において遺伝をとおして受け取ることができました。霊的な人間である私には、私自身の人生の歩みと、私自身の霊的な形姿が与えられています。私は、この霊的な形姿を自分自身以外の人間から受け取ったわけではありません。私は不特定の魂的な素質ではなく、特定の魂的な素質をたずさえながら世界のなかに足を踏み入れました。伝記として記述することができる私の人生の歩みは、このような素質によって決定されます。ですから私は、誕生とともに自分自身に対して働きかけ始めたわけではないことになります。私は霊的な人間として、私が誕生する以前に存在していたに違いありません。私は絶対に、私の祖先たちのなかに存在していたわけではありません。なぜなら私の祖先たちは霊的な人間としては、私とは別の存在だからです。私の祖先たちの人生の歩みをもとに私の人生の歩みについて説明することはできません。むしろ霊的な存在としての私は、ある霊的な存在がふたたび地上に戻ってきたものであるに違いありません。私の人生の歩みはこの霊的な存在がかつて地上で生きた人生をもとに説明することができるのです。それ以外にも、「私の人生の歩みのなかで生じる出来事は、私が誕生（より厳密にいうと受胎）以前に霊的な世界で営んだ霊的な生活のみによって形成される」という仮説を立てることは、いちおう可能です。もしこのような考え方を正しいと見なすことができるのだとしたら、それは私たちが、「物質的な環境のなかから人間の魂に作用するものは、人間の魂が純粋な霊的な世界から受け取るものと種類が同じである」という仮定に立つ場合だけです。しかしこのような仮定は、真の厳密な観察から得られる結果とは食い違っています。実際には、物質的な環境から人間の魂に影響を与えるものは、物質的な人生の範囲内において、以前経験したことにも、のちに経験することにも、同じような作用を及ぼすのです。このような状況を正しく観察するためには、私たちは次のような事実に目を向けなくてはなりません。すなわち人生において、これからある行為を行わなくてはならないときに、私たちが魂の素質をとおして、「私は過去の物質的な人生において訓練を積んだ事柄と向きあっている」という、生き生きとした印象をもつことがあります。このような印象は、今回の地上の人生において訓練された事柄とではなく、過去にさまざまな訓練を積むことによって獲得された能力のように思われる魂の素質と結びついています。このような事柄に目を向けるとき、私たちは、現在の地上の人生に先行していた、さまざまな地上での人生について正しく思考できるようになります。このように思考していくことによって、私たちはこの地上に生まれる前に、霊的な世界で営まれた純粋な霊的な体験だけで立ち止まるわけにはいかなくなります。

たとえばシラー[3]の物質的な形姿は、シラーがその祖先から遺伝的に受け継いだものであり、シラーの物質体は地面のなかから、ひとりでに成長してきたわけではありません。シラーの霊的な本質に関しても、これと同じことがいえます。

私たちはシラーの物質的な人間としての形姿については、人間の生殖に目を向けることによって説明することができます。これに対してシラーとは、シラーという一人の歴史上の人物のみに限定されない霊的な本質の繰り返しであり、私たちはこの霊的な本質がかつて地上で生きた人生をもとに、シラーの伝記について説明することができるのです。

物質的な人間の形姿は、人間という種の本質のたえまない繰り返し、すなわち再受肉 Wiederverkörperung であり、霊的な人間は同じ一人の霊的な人間の再受肉です。なぜなら霊的な人間として、一人ひとりの人間はまさに自分自身の種となっているからです。

以上述べた事柄に関して、「それは単なる思考に基づく叙述にすぎない」といって反論する人がいるかもしれません。そしてこのような人は、自然科学において通常行われているような、一見筋が通っていると思われるような証明を求めるかもしれません。このような考え方をする人に対しては、ここで、「霊的な人間の再受肉は、外界の物質に関わる事実の領域には属さない、完全に霊的な領域において生じる事象である」と述べておく必要があります。私たちの通常の霊的な力のうち、この領域に入っていくことができるのは思考だけです。思考の力を信頼しないならば、私たちは高次の霊的な事実について解明することはできません。

霊的な目が開かれた人は、このような思考のプロセスから、物質的な目によってとらえられる事象と同じような印象を受け取ります。先に人間の人生の歩みに関して述べられた事柄よりも通常の自然科学の認識の方法に基づく「証明」のほうが説得力がある、と考える人は、通常の言葉の意味においてはすぐれた科学者であるかもしれませんが、真の霊的な探求の道からは遠くへだたったところにいるのです。

ある人間の霊的な特性を、父親や母親やそのほかの祖先から遺伝的に伝えられる要素に基づいて説明しようとする人は、きわめて危険な、偏った考え方に陥っています。たとえば、ゲーテの本質は父親と母親から遺伝的に受け継がれた要素によって決定された、という偏見に陥った人を、正しい根拠に基づいて説得するのはほとんど不可能です。なぜならその人は、偏見にとらわれない観察に対して根強い反感を抱いているからです。この人は、一見正しいように思われる唯物論的な考え方を信じ込むことによって、現象のつながりを正しい光のもとでとらえることができなくなっています。

筆者がここで述べている事柄には、私たちが誕生と死にはさまれた人生の範囲を越えて人間の本質を探求していくための前提条件が含まれています。誕生と死によって定められる境界の範囲内において、人間は、体的なもの・魂的なもの・霊的なものという三つの世界に属しています。一方において、魂のなかの感覚魂の部分は、感覚能力とともに体の第三の構成要素である魂体のなかに浸透していま す。また他方において、魂のなかの意識魂の部分は、霊の第一の構成要素である霊我を自分のなかに受け入れます。このようにして魂は、体と霊を結びつけます。人間が地上で生きているときには、魂は体にも、霊にも関与します。そしてこのようにして体や霊に関与した結果が、魂の存在全体のなかに姿を現します。感覚魂がさまざまな能力を発達させることができるかどうかは、魂体の組織によって影響を受けます。霊我が意識魂のなかでどこまで発達できるかは、意識魂が営む生活によって決定されます。魂体が健全に形成されればされるほど、感覚魂は外界とよりよい交流をするようになります。また意識魂が霊我により多くの養分を供給するようになると、そのぶんだけ霊我は豊かで力強いものになります。すでに述べたように、人間が生きているあいだに体験した事柄と、これらの体験の成果をとおして、意識魂の養分が霊我に供給されます。魂と霊の相互作用は、魂と霊が入り混じって存在し、相互に浸透しあうところでのみ（つまり「霊我と意識魂」の結びつきの内部において）生じるのです。

まず魂体と感覚魂の相互作用に目を向けてみることにしましょう。すでに述べたように、魂体は体《たい》のなかではもっとも繊細に形成されている部分ですが、それでもやはり魂体は体に属しており、体の性質の影響を受けます。物質体とエーテル体と魂体は、ある意味において一つの全体を形成していま す。そのため魂体も、体《たい》に形姿を与える物質的な遺伝の法則のなかに組み込まれています。そして魂体は、流動的で変化しやすい体《たい》の形態を備えているため、遺伝に関しても、流動的で変化しやすい現象を示すことになります。人間の物質体には人種や民族や種族といった要因から生じる相違が認められる程度であり、一人ひとりの人間の物質体の違いは小さなものになります。一人ひとりの人間のエーテル体に関しては、物質体よりは違いが明確に認められますが、それでもおたがいに似通っている要素のほうがはるかに多いことがわかります。これに対して、個々の人間の魂体はそれぞれ大きく異なっています。私たちが人間の表面的な、人格上の特性として感じ取る要素は、魂体のなかに現れます。したがって魂体は、両親や祖父母などから子孫へと遺伝的に伝えられる、人格上の特性と結びついた要素も担うことになります。

一方、魂自体はすでに説明したように、完全に独自の生活を営んでいます。魂は好き嫌いの傾向や感情や情熱などを抱きながら、魂そのもののなかで完結しています。魂は全体として活動し、感覚魂のなかにおいても、このような魂全体の性質が姿を現します。そして感覚魂が魂体に浸透し、魂体の内部を満たすことによって、魂体は魂的な性質に従って形成されることになります。さらに魂体は遺伝の担い手として、祖先から子孫へと好みや情熱などを伝える能力も備えています。「私は、父親からは体格と人生を真剣に生きる態度を、母親からは陽気な性質と物語を作る喜びを受け継いだ[4]」というゲーテの言葉は、このような事実に基づいています。ゲーテは天賦の才能を両親から受け継いだわけではないのです。このように見ていくと、人間はみずからの魂的な特性のうち、何を遺伝的に子孫に伝えるのか、ということが明らかとなります。

物質体の素材と力は、外界の物質的な自然環境全体のなかにも存在しています。人間は物質体の素材と力を、物質的な自然環境からたえず受け取り、ふたたび自然環境へと返します。数年のあいだに、私たちの物質体を作り上げている物質は完全に新しいものに変わります。物質が人間の物質体の形態を取り、この物質体の内部でたえず新しいものに変化するのは、物質がばらばらにならないように、エーテル体が一つにまとめているからです。そして物質体の形態は、人間が誕生（より正確にいうと受胎）してから死ぬまでのあいだに生じる事象によって影響を受けるだけではなく、誕生してから死ぬまでの人生に限定されない遺伝の法則によっても影響を受けます。遺伝と関わる事象において、魂的な特性の一部が伝えられ、物質的な遺伝の流れが魂的な特徴を帯びるのは、魂体が感覚魂の影響を受けるからです。

それでは魂と霊の相互作用は、どのようにして生じるのでしょうか。人間が地上で生きているあいだに、霊は先に述べたような方法で魂と結びつきます。霊から能力を受け取ることによって、魂は真理と善のなかで生き、魂自身の生活のなかで（つまり魂の好みや衝動や情熱のなかで）霊そのものを表現します。霊我は霊の世界のなかから、真理と善の永遠の法則を「自我」に伝えます。この法則は、意識魂をとおして魂自身の生活のさまざまな体験と結びつきます。これらの体験そのものは過ぎ去っていきますが、体験の成果は持続します。このような体験の成果と結びつくことによって、霊我はけっして過ぎ去ることのない印象を受け取ります。霊我が過去に体験した事柄とよく似た、新しい体験に出会うとき、人間の霊はこの体験のなかに、すでによく知っている要素を見出します。そのため人間の霊は、この新しい体験と出会ったときに、初めてこのような体験に直面する場合とは別のふるまい方をすることができるようになります。このようにして人間は、あらゆることを学習していきます。このような学習の成果が、人間が身につけた能力になります。

過ぎ去りゆく人生の成果は、このようにして永遠の霊に刻印されるのです。

では、私たちはこのような成果を実際に確認することができるのでしょうか。私たちは、先に霊的な人間の性格として示した素質を、どこに見出すことができるのでしょうか。私たちはこのような素質を、人間が地上の人生の道を歩み始めるときにたずさえてくる、さまざまな能力のなかだけに見出すことができます。このような能力は、ある意味において、私たちが生きているあいだに身につける能力とも、よく似ています。ある人物の天賦の才能を例に挙げてみましょう。モーツァルト[5]が少年の頃、一度聴いた長い音楽作品を、記憶だけを頼りに楽譜に書き記すことができたという逸話はよく知られています。モーツァルトは音楽作品の全体を一度に概観する能力を備えていたので、このようなはなれわざをすることができたのです。人間は地上で生きているあいだに、一定の範囲内においてさまざまな事柄を概観したり、ものごとの相互の関連をとらえたりする能力を拡大し、その結果、新しい能力を身につけます。たとえばレッシングは自分自身に関して、「私は物事を厳密《クリティカル》に観察する能力を育てることによって、天賦の才能に等しい能力を獲得することができた」と述べています。素質のなかに含まれているこのような能力を、ただ奇跡として、驚嘆して眺めるだけでは満足できないのなら、私たちはこの能力を、霊我が魂をとおして受け取った体験の成果と見なさなくてはなりません。体験の成果は霊我に刻印されました。そしてこのような体験の成果が今回の人生で獲得されなかったのだとしたら、それは今回よりも以前の人生において獲得されたとしか考えられません。人間の霊とは、その人自身にとっての種なのです。そして人間が物質的な意味における種の一員として、種の内部において特性を遺伝的に受け継ぐのと同じように、霊は霊的な種の内部で、つまり自分自身という種の範囲内において、その特性を受け継いでいくのです。人間の霊は、先行する人生における過去の体験の成果をたずさえた、自分自身の繰り返しとして人生のなかに姿を現します。つまり今回の人生はそれ以前の人生の繰り返しであり、そこには霊我が過去の人生において努力して身につけた要素が含まれています。霊我がこのような成果を受け入れると、霊我は生命霊によって貫かれます。生命（エーテル）体が種から種へと形態を繰り返し生じさせるように、生命霊はある個人の人生から別の個人の人生へと、自我の担い手である魂を繰り返し出現させるのです。

以上のように考察することによって、私たちは、人生のなかで生じる特定の出来事の原因を、輪廻転生をとおして繰り返される地上の人生のなかに探ろうとする考え方は妥当なものである、と認めることができます。私たちが本書の最後で解説されている「認識の小道」をとおして獲得される霊的な認識に基づいて考察するとき、初めてこのような考え方の本当の意味が明らかになります。ここでは、正しい思考をとおして通常の考察を行うだけで、私たちはこのような考え方にたどりつくことができる、ということだけを述べておくことにします。確かに初めのうちは、私たちはこのような考察をとおして、おぼろげに思考することしかできないかもしれません。そしてある人が厳密さを欠いた、正しい思考に基づいていない説をよりどころとして反論してきたときに、私たちはこのような考察に基づく考え方を完全に守りとおすことはできないかもしれません。しかしそれでもやはり、通常の思考に基づく考察をとおしてこのような考え方を身につけることによって、すでに私たちは超感覚的な観察の準備をしている、ということは事実なのです。感覚的な観察を行う前にまず目を備えていなくてはならないのと同じように、私たちはこのような考え方を身につけることによって、超感覚的な観察を行う前にあらかじめ獲得しておかなくてはならないものを作り上げることができるのです。「このような考え方を身につけると、超感覚的な考察を無理に自分に信じ込ませることになる」といって反論する人は、「その人は自由な思考に基づいて現実のなかにわけ入っていくことができない。そのためにまさにその人が、このような反論そのものを自分で信じ込んでいるのである」ということを証明しているにすぎないのです。

＊　＊

このように魂の体験は誕生と死の範囲内だけではなく、さらに死を越えて、いつまでも消え去ることなくに保持されます。しかし魂は、魂のなかで光を放つ霊だけにその体験を刻印するわけではなく、すでに述べたように（五九ページ）行為をとおして外界にも体験を刻印します。人間が昨日行った行為は、今日になっても、その作用という形で存在しています。このような観点において眠りと死の比喩が、人間の行為における原因と作用の関係に関する正しいイメージを私たちに提供してくれます。これまでにも、眠りはしばしば「死の兄弟」と呼ばれてきました。(6) 私は朝になると、目覚めます。一つにつながっていた私の昨日の活動は、夜のあいだは、ずっと中断されていました。通常の状況のもとでは、私が朝になって、みずからの活動を好き勝手な形で再開するのは不可能です。私の人生のなかに秩序と関連がもたらされるためには、私は昨日自分が行った行為と正しい形で結びつく行為から始めなくてはなりません。昨日私が行った行為は、私が今日行わなくてはならない行為の前提条件です。私は、自分自身で昨日行った行為をとおして、今日の私の運命を作り出したのです。眠っているあいだは、私はしばらく自分自身の活動から離れていました。しかしこの活動は私自身のものであり、しばらくこの活動から離れたあとで、私はふたたびこの活動へ引き戻されます。私の過去はずっと私と結びついています。私の過去は私の現在のなかで生き続け、私の未来に向かって、私についてきます。もし私の昨日の行為の作用が今日の私の運命ではないのだとしたら、今日の朝目覚めた私は、新たに無のなかから生み出されなくてはならないことになります。通常の状況において、私が自分のために建てさせた家のなかに入らないのだとしたら、それはばかげたことだといわなくてはなりません。

人間が朝になって新たに生み出されることがないのと同じように、人間の霊が地上の人生の道を歩み始めるときに、そのつど新しく生み出されることはありません。人間が人生の道に足を踏み入れるときに何が起こるのか、明らかにしてみましょう。まず、遺伝の法則をとおして形姿を受け取る、物質体が現れます。この物質体は、新しい形姿のなかで過去の人生を繰り返す霊の担い手になります。物質体と霊の中間には、その内面において完結した自己の生活を営む、魂が存在しています。好き嫌いの傾向や願望や欲求は魂のなかに生じ、さらに思考も魂のなかで活動します。魂は感覚魂として、外界の印象を受け取り、霊に外界の印象を伝達します。その結果、霊は外界の印象のなかから成果を取り出し、それを持続的なものに変えます。魂はいわば仲介者の役割を担っています。そしてそのことによって、魂の使命ははたされることになります。体は魂のために印象を形成します。魂はこの印象をもとに感覚を作り上げ、この感覚を記憶のなかでイメージとして保持し、さらにこのイメージを霊に伝えます。その結果、霊はこのイメージを持続させます。人間は魂をとおして、自分自身の地上の人生の歩みと密接に結びつきます。人間は体をとおして、物質的な人間という種の一員になります。人間は体をとおして、この人間という種の一つの構成要素となります。人間はみずからの霊とともに、高次の世界のなかで生きます。魂はしばらくのあいだ、この二つの世界を結びつけます。

しかしながら人間の霊が足を踏み入れる物質的な世界は、人間の霊にとって、けっして見知らぬ世界ではありません。物質的な世界には、かつて人間の霊が魂をとおして行った行為の痕跡が刻印されています。この物質的な世界という場所のうち、ある部分は人間の霊と密接に結びついています。この部分は人間の霊的な本質によって刻みつけられた刻印を担っているのです。それは人間の霊と類縁関係にあります。人間の魂は、物質的な外界の印象を人間の霊に伝達し、これらの印象が人間の霊にとって持続的なものになるようにします。そしてさらに人間の魂は人間の霊の器官となって、人間の霊から受け取った能力をもとに、物質的な世界においてその影響がずっと持続し続けるような行為を行います。このようにして、魂はこのような行為のなかにみずからの本質を流れ込ませていくのです。人間の霊に基づく行為の作用をとおして、人間の魂は第二の自立した生活を営んでいきます(7)。このような事実は、運命的な出来事はこの人生においてどのように生じるか、という観点から人生を観察するきっかけを提供してくれます。ある出来事が私たちの身に「起こる」とします。初めのうち私たちは、このようにして「起こったこと」は「偶然」人生のなかで生じた出来事と見なすかもしれません。しかし実際には、私たちが「偶然」だと思い込んでいる事柄が必然的に生じた結果、いまの私たちは存在しているのです。たとえば四十歳という年齢に達して自分自身を観察し、みずからの魂の本質について問いかけるときに、私たちは空虚で抽象的な自我のイメージを乗り越えるために、「私とは、今日まで私の身に運命的に『ふりかかった』体験をとおしてできあがった存在である。たとえば二十歳のときの体験のかわりに、それとは別のある一連の体験をしていたならば、いま頃私は別の存在になっていただろう」と考えることができます。このように考えるとき、私たちは自分自身の「自我」を、「内面」からわきあがってくる成長の衝動のなかだけではなく、「外界から」形成するような作用を及ぼしながら、自分の人生に介入してくるもののなかにも見出します。私たちは、「自分の身に起こる」体験のなかにみずから自我を認めます。とらわれない態度でこのような認識に身をゆだねるとき、私たちは、人生の深みへと向けられた考察をさらに一歩先に進めることによって、「記憶は過去の体験をふたたび輝かせるために内面から作用する。そして私たちにふりかかってくる特定の運命の体験のなかには、外界からやってきて自我をとらえる要素が含まれている」という事実に気づきます。このようにして私たちは、「外界に誘因が存在する場合には、過去の体験が記憶のなかでイメージとして現れるだけではなく、魂が以前行った行為の結果も自我のほうに近づいてくる」という事実を運命的な体験のなかに見出します。先に私は同じような事柄に関して、ある行為の結果が人間の魂にふたたび出会うこともありうるという、「想定することが可能な」考え方を提示しました（六〇ページ以下参照）。しかし一回ごとの地上の人生の範囲内において、人間の魂が特定の行為の結果とこのようにして出会うことがないのは、この地上の人生が、人間が行為を行うのにふさわしい性質を備えているからです。地上の人生では、人間の体験は行為を行うことそのものと深く結びついています。いまある体験のまっただなかにいる人が、この体験について思い出すことはありえないのと同じように、地上の人生では、今回の人生で行った何らかの行為の結果が魂のほうに返ってくることはほとんどありません。もしそのようなことがあるとすれば、それは、地上の人生においてある行為を行うきっかけとなった性質を「自我」がその後失ってしまうことによって、人間が「自我」のほうに返ってくるこの行為の結果を体験することができるようになる場合だけです[8]。

このようにして私たちは、今回の地上の人生とは別の、過去の地上の人生から生じる行為の結果のみに目を向けることができます。そのため、自我自身の「内面から」生み出されるものだけではなく、運命の体験として私たちの身に「ふりかかって」くるように思われるものも自我と結びついている、ということを感覚的にとらえると、私たちは、「このような運命の体験において、私は過去の地上での人生から生じる行為の結果と関わりあっている」と考えることができるようになります。思考をとおして導かれながら深く人生を理解することによって、私たちは、ある地上の人生における運命の体験はそれ以前の地上の人生で行われた行為と関係があるという、通常の意識にとっては逆説的なもののように思われる仮説へと到達します。ここでも、超感覚的に認識することによってのみ、私たちはこのような考え方の完全な内容を獲得することができるようになります。私たちが超感覚的に認識しないならば、このような考え方はおぼろげな状態に留まることになります。しかしもし私たちが、通常の意識をもとにこのような考え方を身につけるならば、それは、私たちの魂が、真の意味における超感覚的な観察をとおして、この考え方に含まれている真理を直観するための、準備となるのです。

外界に存在しているのは、私の行為の一部分だけです。私の行為のそのほかの部分は私自身のなかに存在しています。自然科学に基づく簡単な比喩をとおして、自我と行為のこのような関係について明らかにしてみましょう。かつてケンタッキーに生息していた目の見える動物は、洞窟に移り住み、そこで生活することによって視力を失いました。暗闇のなかでずっと生活したために、この動物の目は機能しなくなりました。そのためこの動物の目のなかでは、ものを見るときに生じる物理的・化学的な作用が生じなくなりました。それまでこのような作用のために使われていた養分は、別の器官のほうに流れていくようになりました。いまではこの動物は、この洞窟のなかでしか生活することができません。この動物はみずからの行為をとおして（つまり洞窟に移り住むことによって）未来の生活の条件を生み出したのです。洞窟に移り住むという行為が、この動物の運命の一部になりました。過去に行為を行うことによって、この動物の本質が、行為の結果と結びつきました。これと同じようなことが、人間の霊にも見られます。人間の魂は行為を行うことによって、人間の霊に、ある特定の能力だけを伝えます。これらの能力は、魂が行った行為と結びついています。魂が行った行為をとおして、魂は、この行為の成果である別の新たな行為を行おうとする、力にあふれた性質を帯びます。この新たな行為が生じるまで、魂はこのような一連のプロセスを将来新たな行為を生み出す必然性として自分のなかに担っています。私たちはこの場合、「ある行為を行うことによって、この行為の結果である、新たな行為を行う必然性が魂に刻印される」と考えることもできます。

人間の霊は、みずからの行為をとおして、実際に自分自身の運命を準備しました。人間の霊は新しい人生において、過去の人生で行った行為と自分自身が結びつけられているのを目のあたりにします。ここで、「どのようにしてそれは可能になるのだろうか。人間の霊は再受肉するときに、かつて去った世界とはまったく別の世界に移されることになるのではないか」という疑問を抱く人もいるかもしれません。しかしこのような疑問が生じるのは、私たちが人生の表面的な部分のみに目を向けながら、運命のつながりについて考察する場合だけです。たとえば住む場所をヨーロッパからアメリカに移すと、私はまったく新しい環境のなかに存在することになります。にもかかわらず、アメリカでの私の生活は完全に、それまでのヨーロッパでの生活によって影響を受けます。私がヨーロッパで機械工をしていたとしたら、銀行員をしていた場合とはまったく異なった形で、私のアメリカでの生活が始まるはずです。ヨーロッパで機械工をしていた場合には、私はアメリカで機械に取り巻かれることになり、ヨーロッパで銀行員をしていた場合には、私はアメリカで銀行の設備に取り巻かれることになるでしょう。いずれの場合にも、私の過去の人生が私の環境を決定します。私の過去の人生が、いわば世界全体のなかから、それと類縁関係にある事柄を引き寄せるのです。霊我に関しても同じことがいえます。霊我は新しい人生において、過去の人生をとおして霊我と類縁関係をもつようになった事柄を、必然的に周囲に集めます。

眠っているあいだに人間は、運命がその人を待ち受けている地上という場所から引き離されるので、眠りは死を表現するのにふさわしいイメージと見なされます。人間が眠っているあいだに、出来事はこの地上という場所でさらに展開していきます。人間は睡眠中は、このような出来事の展開に関与することはありません。にもかかわらず新しい一日が始まると、私たちの人生は前の日に行った行為の作用によって影響を受けます。いわば私たちは、毎朝新たに、私たちの行為の世界のなかに受肉するのです。私たちは、夜のあいだは遠くにあったものを、昼間はずっと、自分の周囲に見出すことになります。

人間が以前受肉したときに行った行為に関しても、同じことがいえます。暗い洞窟のなかでの生活が、そこに移り住むことによって視力を失った動物とずっと結びつくことになるのと同じように、以前受肉したときに行った行為は運命となって、その人間と結びつきます。この動物が自分で移り住んだ洞窟という環境のなかでのみ生きることができるのと同様に、人間の霊は、行為をとおして自分で作り出した環境のなかでのみ生きることができるのです。地上の出来事は連続的に、直接結びつきながら展開していくという性質を備えているため、私は朝になると、自分自身で生み出した状況を目の前に見出すことになります。また、再受肉した私の霊と周囲の世界の事物は類縁関係にあるため、ふたたび受肉したとき、私は過去の人生で行った行為の結果にふさわしい環境を周囲に見出すことになります。このように考察していくことによって、私たちは、魂はどのように人間の本質に組み込まれているか、ということに関する正しいイメージを形成することができるようになります。物質体は遺伝の法則に従っています。これに対して、人間の霊は繰り返し受肉しなければなりません。人間の霊に関する法則の本質は、霊は過去の人生の成果を未来の人生のなかにたずさえていく、という点にあります。魂は現在のなかで生きています。しかし現在のこの人生は、過去の人生と無関係ではありません。受肉する霊は過去の受肉状態から運命をたずさえてきて、この運命が今日の人生を決定します。魂はどのような印象を受け取るか、魂のどのような願望がかなえられるか、魂のなかからどのような喜びや苦しみが生じるか、魂はどのような人びとと出会うか、といったことは、「霊が過去に受肉したときに、どのような行為が行われたか」によって決まります。人間の魂は、ある人生において結びついていたほかの人びとと、そのあとの人生でふたたび出会わなくてはなりません。なぜならこの人間の魂とほかの人びととのあいだでなされた行為は、その結果を受け取らなくてはならないからです。そのためこの人間の魂だけではなく、この人間の魂と結びついているほかの人びとの魂も、同じ時期にふたたび地上に受肉しようとすることになります。魂によって営まれる生活は、人間の霊が自分で作り出した運命の結果なのです。誕生と死の範囲内において、三種類の要素が人間の人生の歩みを条件づけます。そしてそのことによって、人間は三とおりの方法で、誕生と死のかなたに存在している要因の影響を受けることになります。体は遺伝の法則に従います。魂は自分自身で生み出した運命に従います。このような人間の魂によって生み出された運命は、太古の昔にもちいられた表現に従って、その人間のカルマKarmaと呼ばれます。そして霊は再受肉（輪廻転生）の、つまり繰り返される地上の人生の法則に従います。したがって私たちは、霊と魂と体の関係について、「けっして過ぎ去ることがないのが霊である。誕生と死は、物質的な世界の法則に従って、体の性質を決定する。運命に従う魂によって営まれる生活は、人間が地上の人生を歩むあいだ、霊と体が結びつくように仲介する」と述べることができます。人間の本質に関して、私たちがさらに認識を深めるためには、人間が属している「三つの世界」についてよく知っておくことが前提となります。これらの三つの世界に関しては、このあとの章で取り扱うことにします。

このようにして私たちは人生のさまざまな現象と正面から向きあい、生命に満ちあふれた観察のなかから生み出される思考を、最後まで、たじろぐことなく追っていきます。私たちは論理のみをよりどころにして、輪廻転生をとおして繰り返される地上の人生と運命の法則に関する正しい考え方を身につけることができます。開かれた「霊的な目」を備えた霊視者の前に、過去の人生は開かれた本のページのように歴然とした体験として存在している、ということは真実です。そしてそれと同じように、これらのすべての事柄に関する真理は観察を行う私たちの理性に光を投げかけることができる、ということも真実なのです。*原註

＊原註――この点に関しては、本書の末尾の「註解と補足」に書かれている事柄を参照して下さい。

▼三つの世界

1　魂の世界

このように人間の本質に目を向けることによって、人間は三つの世界に属していることが明らかになります。人間は体を形成する素材と力を、物質の性質と関わる世界から取り出します。人間は外界に向けられた物質体の感覚をもとに知覚することによって、物質の世界についてさまざまな情報を手に入れます。しかしこのような物質体の感覚のみを信頼し、その知覚能力を発達させるだけでは、人間はそれ以外の二つの世界、つまり魂の世界と霊の世界について明らかにすることはできません。事物や存在に関する現実を自分自身で確かめるためには、人間はそれを知覚する器官、つまり感覚を備えていなければなりません。当然のことながら、私たちがここで、高次の知覚器官を霊的な感覚Sinnと呼ぶならば、容易に誤解を生む可能性があります。なぜなら「感覚」について語るとき、私たちは無意識のうちに、そこに「物質的な」という概念を結びつける傾向があるからです。確かに私たちは、場合によっては、「霊的な」世界と対比させるために、物質の世界のことを「感覚的な」世界と呼ぶこともあります。ですから誤解に陥らないようにするためには、私たちは、ここでは単なるたとえとして、比喩的な意味において「高次の感覚」について述べられている、という点に注意をはらわなくてはなりません。私たちは物質的な感覚をとおして物質的なものを知覚し、魂的な感覚と霊的な感覚をとおして魂的なものと霊的なものを知覚します。ここでは「感覚」という表現は、「知覚器官Wahrnehmungsorgan」という意味においてのみ、もちいることにします。たとえば光を感じ取る目がなかったら、私たち人間は光と色彩のことを知ることはできません。また、音の響きを感じ取る耳がなかったら、私たち人間は音について何も知ることができなくなります。このような観点から、ドイツの哲学者ロッツェ(1)はまったく正しいことを述べています。

「光を感じ取る目と音を感じ取る耳がなかったら、世界全体は暗くなり、沈黙してしまうだろう。痛みを感じる歯の神経がなければ、歯の痛みはありえないのと同じように、目と耳がなくなると、光や音は世界全体のなかに存在しなくなるだろう(2)」

ここで述べられている事柄を正しく理解するためには、体の表面全体に触覚だけが広がっているような低次の生物は、人間とはどれほど異なった姿で世界をとらえているだろうか、と想像してみるだけでよいのです。この生物にとっては、目と耳を備えた存在がとらえているのと同じような光と色彩と音は存在しません。たとえば猟銃の射撃によって生じる空気の振動がこの生物に触れると、ある種の作用が引き起こされるかもしれません。しかし魂がこの空気の振動を銃声としてとらえるためには、耳が必要です。また魂が、エーテルと呼ばれる繊細な物質のなかで生じる特定のプロセスを光や色彩としてとらえるためには、目が必要です。

みずから備えている器官の一つをとおして、そこから作用を受け取ることによってのみ、人間は存在や事物について何らかの情報を得ます。ゲーテはこのような人間と現実の世界の関係について、次のようにみごとに表現しています。

「私たちは、ある事物の本質を表現しようと試みますが、それは徒労に終わります。しかしそのとき、私たちはその作用に気づきます。そしてこのような作用について完全に叙述することによって、私たちはかろうじて事物の本質を包括的にとらえることができるのです。たとえば私たちがある人物の性格について叙述しようと苦心しても、なかなかうまくいきません。これに対して、この人物の行動や行為についてまとめてみると、この人物の性格のイメージが私たちの前に姿を現します。

色彩とは光の行為、より正確にいうならば、行為と受苦 Leiden です。色彩と光はきわめて正確に結びついていますが、私たちは、色彩と光の両方が自然全体に属していると考えなくてはなりません。色彩と光は自然に属しており、自然はとりわけ目の感覚に対して姿を現そうとします。それと同じように、自然は別の感覚に対しても姿を現します。

さらに自然は、より深いところにあるそのほかの感覚に向かって、つまりよく知られた、さまざまな形で誤解されてきた、未知の感覚に向かって語りかけます。自然は何千という現象をとおして自分自身と語り、さらに私たちに向かって語りかけてきます。注意深い人にとっては、自然はどのような場所においても、死んだり、沈黙したりすることはないのです(3)」

ここでゲーテは事物の本質を認識する可能性を否定している、と解釈するのは正しくありません。ここでゲーテは、「人間が知覚するのは事物の作用のみであり、事物の本質はその背後に隠れている」と述べているわけではありません。むしろゲーテは、このような「隠された本質」についてはまったく語るべきではない、といっているのです。事物の本質は、姿を現す現象の背後に存在しているわけではありません。事物の本質は現れた姿そのものをとおして、私たちの前にはっきりと存在していま す。ただしこのような本質は限りなく豊かなものであるため、そのほかの感覚に対しては、さらに別の形姿をとって現れるのです。私たちの前に姿を現すものは、本質の一部です。人間の感覚が限定されているため、本質の全体が姿を現すことはありません。このようなゲーテの見解は、筆者がここで霊学の観点から述べている事柄と、完全に一致しています。

物質体のなかで目と耳が知覚器官として、つまり物質的な現象をとらえる感覚として発達するのと同じように、人間は自分自身のなかに、魂の世界と霊の世界をとらえるための知覚器官を形成することができます。耳と目をもたない存在にとって物質の世界は「暗く、沈黙している」のと同じように、高次の感覚を備えていない人にとっては、魂の世界と霊の世界は「暗く、沈黙しています」。もちろん人間は、物質的な感覚とはいくらか異なった形で、このような高次の感覚と関わりあうことになります。通常の場合には、恵み深い母なる自然の作用をとおして物質的な感覚が人間のなかで完全に形成されます。物質的な感覚は、人間が手を貸さなくても生じますが、高次の感覚器官を発達させるためには、人間は自分自身で努力しなくてはなりません。人間が物質的な環境を知覚し、そのなかで進む道を見出すことができるように、自然は人間の体を作り上げました。しかし魂の世界と霊の世界を知覚するためには、人間は魂と霊をみずから育成しなくてはなりません。人間が自然をとおして形成されることのない高次の器官を自分で育成するとしても、それは自然に反する行為にはなりません。なぜなら高次の意味においては、人間が行うことはすべて自然の一部でもあるからです。高次の感覚を育成することを自然に反する行為と見なすのは、「人間は、進化の過程において自然の手を離れた時点での発達段階に、ずっと留まり続けるべきである」と主張する人だけです。このような人は、先に引用したゲーテの言葉と同じような意味において、高次の器官の本当の意味について「誤解して」います。このような主張をする人は高次の感覚を育成するだけではなく、人間を教育することにも、反対しなくてはならなくなるでしょう。なぜなら教育もまた、自然が行った仕事を、人間がさらに先へ続ける行為にほかならないからです。そしてこのような主張をする人は、生まれつき目が見えない人を手術することにも反対しなくてはならなくなるでしょう。なぜなら本書の最後の「認識の小道」の章で述べられている方法に基づいて高次の感覚を目覚めさせる人は、手術を受けた視覚障害者と似かよった状態を体験することになるからです。高次の感覚が目覚めるとき、世界は新しい特性を伴って、つまり物質的な感覚によって明らかにされることのない事象や事実を伴って、私たちの前に姿を現します。私たちは、「私は高次の器官をとおして、好き勝手に自分で現実に何かをつけ加えたわけではない。むしろ、高次の器官がなかったら、この現実の重要な部分が、私にとってずっと隠されたままになっていただろう」ということをはっきりと理解します。魂の世界と霊の世界は物質の世界の隣や外にあるわけではありません。魂の世界と霊の世界は、空間的に物質の世界と切り離されてはいません。手術を受けた視覚障害者の前で、それまで闇だった世界が光や色彩とともに輝き始めるのと同じように、魂的に、そして霊的に目覚めた人の前に、それまで物質的に姿を現していた事物は、その魂的な、霊的な特性を明らかにします。この世界は、魂的に、霊的に、目覚めていない人が知ることのない事象や存在によって、満ちあふれるようになります（魂と霊の感覚の育成については、本書のあとのほうで、詳しくお話しすることにします。さしあたってこの章では、このような高次の世界そのものについて記述することにします。もしある人が高次の世界を否認するなら、それは、「私はまだ高次の器官を発達させていない」といっているのと同じことになります。人間の発達は、どのような段階に達しても、それで終わりということはありません。人間はどこまでも、発達していかなくてはならないのです）。

私たちは知らず知らずのうちに、「高次の器官」を物質体の器官と似かよったもののようにイメージしてしまうことがあります。私たちはまず、このような高次の器官とは、霊的・魂的な形成物である、ということを理解しておかなくてはなりません。人間が高次の世界で知覚するものは霧のように希薄になった物質にすぎない、と推測することは許されません。このようなことを推測している限りは、私がここで「高次の世界」に関して述べようとしている事柄を、明確にイメージすることはできないでしょう。私たちが高次の世界で知覚しなくてはならないのはより繊細なものに変化した物質に違いない、という思い込みを捨て去るならば、多くの人びとにとって、このような「高次の世界」について学ぶことは（もちろん最初は、基本的な事柄から学ぶことになるわけですが）けっして困難なことではなくなるはずなのです。しかしこのように思い込んでいる人びとは、人間が高次の世界で知覚するのはより繊細なものに変化した物質である、と決めてかかっているため、ここで本当に問題となっている事柄をまったく認めようとしないのです。場合によっては、人びとはここで問題となっている事柄は現実的ではないと考えたり、自分たちを十分に満足させてくれるものではないと判断したりします。確かに人間が霊的な発達の高次の段階に到達するのは、容易なことではありません。しかしながら、とりあえず、魂的なものや霊的なものはより繊細なものに変化した物質にすぎない、という偏見を捨て去ろうとするだけでも、私たちが霊的な世界の本質を認識するのに十分な段階に到達するのは（この段階に達するだけでも、すでにかなりのことを成し遂げたことになります）それほど困難なことではなくなるはずなのです。

物質的な外見のみをもとにイメージを作り上げても、ある人間の本質について何も知ることができないのと同じように、物質的な感覚をとおして明らかにされる事柄を情報として受け取るだけでは、私たちを取り巻く世界の本質について認識することは不可能です。写真に写っている人物と実際に親しくなり、その人物の魂的な側面まで知るようになると、私たちは一枚の写真をもとにさまざまなことを理解し、写真から生き生きとした印象を受け取ることができます。それと同じように、その魂的な、霊的な基盤について知るときのみ、私たちは物質の世界を本当に理解することができるのです。ですからここでは、まず高次の世界、すなわち魂と霊の世界について解説し、次に霊学の観点から物質の世界に目を向けてみることにしましょう。

現代のような文化期に高次の世界について語ることは、ある種の困難を伴います。というのも現代の文化期において人類は、物質の世界を認識し、支配するという点に関して大きな成果をあげているからです。私たちの言葉は、この物質の世界と関わる特徴と意味を帯びています。一般の人びとがよく知っている事柄と結びつけるためには、私たちはこのような通常の言葉を使用しなくてはなりません。しかしこのような通常の言葉を使用するときには、そのことによって、言葉の表面的な意味だけを信頼しようとする人が誤解に陥る危険性も生じることになります。

少なくとも最初の段階では、私たちはいくつかの事柄について比喩をとおして語り、ごくおおまかに述べることしかできません。この場合、私たちはそのような語り方をしなくてはならないのです。なぜならこのような比喩は、最初に私たちの目を高次の世界に向けさせ、私たち自身が高次の世界に向かって向上するようにうながす手段となるからです（人間が高次の世界に向かって向上することに関しては、「認識の小道」の章で魂的な、霊的な知覚器官を育成する方法について述べる際に、解説することにします。私たちは、最初の段階では比喩をとおして高次の世界について知らなくてはなりません。そのあとでようやく私たちは、自分自身で高次の世界を霊視することを試みることができるようになります）。

私たちの胃や心臓や肺や脳などを形成し、支配する素材や力は物質の世界から生じ、私たちの魂の特性、すなわち衝動・欲求・感情・情熱・願望・感覚などは魂の世界から生じます。人間の体が物質の世界の一部であるのと同じように、人間の魂は魂の世界を構成する要素の一つです。物質の世界と魂の世界の違いは、「魂の世界に属しているすべての事柄や存在は、物質の世界の事柄や存在と較べて、より繊細で、流動的で、柔軟性がある」という点にあります。「魂の世界に入っていくとき、人間は物質の世界とは別の、新しい世界に足を踏み入れることになる」ということを、私たちははっきりと認識しなくてはなりません。ですから「より粗雑な」とか「より繊細な」といった表現がもちいられる場合には、筆者はこれらの言葉の通常の意味とは基本的に異なった事柄について比喩的におおまかに説明しているにすぎない、ということをいつも念頭に置くようにして下さい。物質の世界の言葉をもちいて、魂の世界について叙述しようとするときには、私たちはつねにこのような制約を受けます。この点に十分に注意をはらった上で、私たちはここで、「物質の世界の形成物と存在は、物質的な素材と力によって形成され、支配されており、魂の世界の形成物と存在は、魂的な素材をもとに作り上げられ、魂的な力によって支配されている」ということができるのです。

物質的な形成物は、空間的な広がりと運動を特性として備えており、魂的な形成物と存在は、刺激を感じ取ったり、衝動的な欲求を抱いたりする特性を備えています。したがって私たちは魂の世界を、欲望や願望の世界、あるいは「欲求 **Verlangen**」の世界と呼ぶこともできます。これらの表現は人間の魂の世界を観察することによって、生み出されたものです。そのため私たちは、「人間の外の物質の世界に存在している物質的な素材と力は、人間の物質体を構成している要素とは異なっているのと同じように、魂の世界において、人間の魂の外で生じる事象は、人間の魂の内部で活動する魂の力とは異なっている」ということを確認しておく必要があります（衝動や願望や欲求といった言葉は、魂の世界の素材を意味しています。このような素材を「アストラル astral」と呼ぶことにしましょう。私たちは、魂の世界の力として働いているものを「欲望の実体」と呼ぶことができます。しかしながら、物質の世界とは違って、魂の世界では「素材」と「力」を厳密に区別することはできない、ということは忘れてはなりません。たとえば私たちはある衝動を「素材」と呼ぶだけではなく、「力」と呼ぶこともできます）。

魂の世界と物質の世界は異なっているため、初めて魂の世界を霊視するとき、私たちは困惑します。しかし同じようなことは、それまで活動していなかった物質的な感覚が開かれるときにも生じるのです。生まれつき目が見えない人が手術を受けると、その人は、それまで触覚をとおして知っていた世界のなかで位置や方向を新たに確認することを、最初に学ばなくてはなりません。この人は、初めのうちは、事物が自分の目の内部に存在していると錯覚します。それからその人は事物を自分の外にとらえるようになりますが、慣れないうちは、その人の目には事物が平らな面の上に描かれているように見えます。それからその人は少しずつ、奥行きや事物の空間上の距離などをとらえるようになります。

魂の世界は、物質の世界とはまったく別の法則によって支配されています。さらに多くの魂の形成物は、魂の世界以外の、さまざまな世界の形成物と結びついています。たとえば人間の魂は、人間の物質体や霊と結びついています。したがって私たちが人間の魂のなかに見出す事象は、同時に物質の世界と霊の世界の影響を受けています。魂の世界を観察する際には、私たちはこの点に注意をはらわなくてはなりません。私たちは、別の世界の作用をとおして魂の世界のなかで引き起こされる事象を、魂の法則そのものと混同してはなりません。

たとえば人間が願望を抱くときには、この願望は思考、すなわち霊的な表象と結びついているため、霊の法則に従います。たとえば私たちは、人間自身が物質的な事象に及ぼす影響を観察の対象からはずすことによって、純粋な意味における物質の世界の法則を明らかにすることができますが、それと同じようなことが、魂の世界に関してもあてはまるのです。

魂的な事象と物質的な事象の大きな違いは、物質的な事象のあいだで生じる作用に較べて、魂的な事象のあいだで生じる作用ははるかに内面的なものである、というところにあります。たとえば物質の世界では、「衝撃」の法則が作用しています。動いている象牙の玉が静止している象牙の玉に衝突する場合、第二の玉が動く方向は、第一の玉の動きや弾力性などをもとに割り出すことができます。魂の空間においては、二つの魂の形成物が出会ったときに生じる作用は、これらの形成物の内面的な特性によって影響を受けます。この二つの形成物が類縁関係にある場合には、これらの形成物はおたがいに浸透しあい、一体化します。本質どうしが対立するときには、これらの形成物は反発しあいます。

物質的な空間においては、たとえば視覚に関して一定の法則が存在しています。遠くに存在する事物は、遠近法の法則に従って小さく見えます。町の通りを奥のほうまで見通すと、遠くにある木と木のあいだの距離は、近くにある木と木のあいだの距離よりも（遠近法の法則によって）小さく見えます。ところが魂の空間においては、近くにあるものも遠くにあるものもすべて、その内面的な本質によって決定される距離をとって霊視者の前に姿を現します。そのため、魂の空間に足を踏み入れるときに物質の世界からたずさえてきた法則をそのまま適用しようとすると、さまざまな誤謬が生じることになります。

魂の世界において自分の位置を確認したり自分が進む方向を見出したりするためには、私たちはまず初めに、物質の世界において固体や、液体や、空気やガスなどの形態を取る気体を区別するように、魂の世界の形成物の種類を区別することを学ばなくてはなりません。そのためには私たちは、この点に関してとくに重要な意味をもっている、二つの基本的な事柄について知っておく必要があります。私たちはこれらの二つの基本的な力を共感 Sympathie と反感 Antipathie と呼ぶことができます。魂の形成物[4] seelisches Gebilde の種類は、この二つの基本的な力がその内面においてどのように作用するか、ということによって決まります。魂の形成物が、ほかの形成物を引きつけ、ほかの形成物と溶けあおうとし、ほかの形成物との類縁関係を示すときに作用する力を共感と呼ぶことにします。これに対して反感とは、魂の形成物が反発しあい、排除しあい、自己主張しあうときに作用する力です。これらの基本的な力がどの程度魂の形成物のなかで作用するかは、魂の形成物が魂の世界のなかではたしている役割によって決まります。

まず最初に私たちは、そのなかで働く共感と反感の作用に従って、三つの種類の魂の形成物を区別しなければなりません。共感と反感が一定の関わりあい方をすることによって、異なった三つの種類が生まれるのです。共感・反感という二つの基本的な力は、三つの種類すべてのなかで作用しています。

まず第一の種類の形成物を見てみましょう。この形成物はそのなかで作用している共感の力をとおして、周囲に存在しているほかの形成物を自分のところに引き寄せます。しかしこの形成物のなかでは、このような共感だけではなく、同時に反感も存在しています。この形成物は反感をとおして、まわりに存在しているものを自分のところからはねつけます。この場合、外から見ると、この形成物は反感の力だけを備えているように見えますが、実際はそうではありません。この形成物のなかには共感と反感の両方が存在しているのです。ただしこの場合には、反感のほうが優勢であるだけなのです。反感は共感を圧倒しています。これらの形成物は魂の空間のなかでエゴイスティックな役割を演じています。これらの形成物は自分の周囲から多くのものをはねつけ、ほんのわずかなものだけを愛情をこめて自分のほうに引き寄せます。そのため、これらの形成物は形態を変えないまま魂の空間のなかを動きまわります。そのなかで共感の力が働いているため、これらの形成物は貪欲な性質を備えているように見えます。この貪欲さは、飽くことを知らないように、けっして満足することがないように感じられます。というのも、これらの形成物のなかで優位を占めている反感は、自分のほうにやってくる多くのものをはねつけることになるため、満足感が生じるのは不可能だからです。私たちは、このような種類の魂の形成物を物質の世界の固体にたとえることができます。このような魂的な素材の領域を欲望の灼熱 Begierdenglut の領域と呼ぶことにしましょう。このような欲望の灼熱の一部が動物と人間の魂のなかに混入してくると、動物と人間のなかの低次の感覚的な衝動、あるいは強いエゴイスティックな本能と呼ばれているものが姿を現します。

第二の種類の魂の形成物においては、二つの基本的な力は均衡を保っているため、共感と反感は同じ強さで作用します。これらの魂の形成物は、いわば中立的な態度でほかの形成物と向きあいます。

これらの魂の形成物は、類縁関係を築きながらほかの形成物に作用し、とくにほかの形成物を引き寄せたり、はねつけたりすることはありません。これらの形成物は、自分と周囲の世界のあいだにはっきりとした境界線を引かないのです。これらの形成物は、周囲に存在するほかの形成物の作用を受け続けます。私たちはこれらの形成物を、物質の世界の液体にたとえることができるでしょう。これらの形成物がほかの形成物を引き寄せる姿からは、貪欲さはまったく感じられません。ここで述べているような作用は、たとえば人間の魂が色彩を感じ取るときに現れます。赤い色を感じ取るとき、私はまず最初に、周囲の世界から、共感と反感のどちらにもかたよらない中立的な neutral 刺激を受け取ります。そしてこのような中立的な刺激に、赤い色に対する喜びの感情が加わるとき、ようやくそのほかの共感や反感と結びついた魂的な作用が現れるのです。このような中立的な刺激を生じさせるのは、共感と反感が均衡を保つように作用しあっている、魂の形成物たちです。私たちはここで考察しているような魂的な素材を、きわめて柔軟で、流動的な素材といい表すことができます。このような魂的な素材は、第一の種類の魂的な素材のようにエゴイスティックに活動することはありません。このような第二の魂的な素材は魂の空間のなかを動きまわりながら、いたるところで印象を受け取り、多くのものと類縁関係を築きます。ここでは、このような第二の種類の魂的な素材を流れるような感覚 fließende Reizbarkeit と表現することにします。

　魂の形成物の第三の段階において、共感は反感よりも優位を占めます。一般に反感はエゴイスティックな自己主張を引き起こしますが、これらの形成物においては、このような自己主張よりも、まわりの事物に対する愛着のほうが目立つようになります。魂の空間の内部に存在する、このような形成物をイメージしてみて下さい。この形成物を中心点として、吸引力が周囲の対象を越えて広がっていき、独自の領域を作り上げています。このような形成物をとくに、願望の素材 Wunsch-Stofflichkeit といい表すことにします。反感の力の影響は弱いため、引き寄せる力は、引き寄せられた対象が形成物自身の領域のなかにもたらされるように作用するので、願望の素材という表現は適切なものと見なすことができます。そのためこれらの形成物の共感は基本的に、エゴイスティックなニュアンスを帯びることになります。このような願望の素材は、物質の世界でガスや空気などの形態をとる気体にたとえることができるでしょう。ガスがあらゆる方向に向かって拡大する傾向を備えているのと同じように、願望の素材はあらゆる方向に広がっていきます。

それよりもさらに上の、魂的な素材の第四の段階は、二つの基本的な力のうち反感が背後に退き、主として共感が作用する領域です。共感は最初のうちは、魂の形成物を構成する要素の内部において作用します。これらの要素はおたがいに引き寄せあうように作用します。そしてこのような共感が弱まることは、すべく共感の力は、快感という感情となって姿を現します。ある魂の形成物の内部で働て不快感となります。暖かさが弱められることによって冷たさが生じるように、快感が弱められることで不快感が生じるのです。快感と不快感は人間のなかでは（より狭い意味においては）感情の世界として作用しています。感情を抱くということは、魂がそれ自身の内部において活動することを意味します。人間の魂が感じる心地よさの程度は、快感と不快感の感情が魂のなかでどのように作用するか、ということによって影響を受けます。

共感を自分自身の生活領域のなかだけに留めておかない魂の形成物は、さらに上の、第五の段階に属します。第四の段階と同じように、この第五の段階は、魂の形成物のなかで働く共感の力がそれに対抗する反感の力よりも圧倒的に強い、という点において、第一から第三までの段階とは区別されます。このような高次の種類の魂的な素材をとおして、魂の形成物が帯びている多様な性質は、共通の一つの魂的な世界を構成します。この第五の段階において反感に似た力が生じる場合には、魂の形成物は自分が生活を営むために、つまりほかの形成物をとおして自己を強め、豊かなものにするために、ほかの形成物を手に入れようとします。反感に似た力が静まるときには、魂の形成物は自分の前に姿を現すほかの形成物や開示をありのままに受け入れます。このような魂的な素材の高次の形態は、物質的な空間における光のような役割を、魂の空間においてはたしています。このような魂的な素材の高次の形態の作用をとおして、魂的な形成物は自分自身のためではなく、むしろほかの形成物のために、ほかの形成物の存在と本質を吸収し、ほかの形成物によって照らし出されるのです。このような高次の領域からさまざまな要素を受け取ることによって、魂的な存在はようやく本当の意味での魂の生活に目覚めます。このような魂的な存在がそれまで暗闇のなかで営んできた、鈍い生活は外に開かれ、魂の空間に向かって輝き、光を発するようになります。低次の領域の素材のみによって貫かれていたときには魂の形成物は、反感の作用によって自己を閉ざそうとし、怠惰で鈍い内面的な活動を営んでいましたが、いまやこのような活動は、内面から生まれ、外に向かって奔流のようにあふれ出る力と活発さに変化します。第二の領域においては、形成物がおたがいに出会うときに流れるような感覚が作用し、一方が他方のなかへ流れ込んでいきます。この場合、形成物どうしは触れあわなくてはなりません。これに対して高次の領域においては、形成物が自由に光を投げかけたり、注ぎ込んだりすることが優勢になります（筆者が、このような領域の本質を「光を投げかける」という言葉で表現するのには、もっともな理由があります。というのも、発達した共感の力は、光の作用にたとえることができるような作用を及ぼすからです）。魂の形成物は、生き生きとした力を与えてくれる高次の領域の魂的な素材がなければ、地下室に置かれた植物が次第に枯れていくのと同じような経過をたどることになります。魂の光 Seelenlicht と活動的な魂の力 tätige Seelenkraft と、本来の意味における魂の生活 Seelenleben はこれらの高次の領域に属し、これらの領域から魂的な存在たちに伝えられていきます。

したがって私たちは魂の世界の三つの低次の領域と、三つの高次の領域を区別しなくてはなりません。そして三つの低次の領域と三つの高次の領域は、第四の領域によって仲介されます。その結果、魂の世界は以下のように分類されることになります。

1　欲望の灼熱の領域
2　流れるような感覚の領域
3　願望の領域
4　快感と不快感の領域

5　魂の光の領域
6　活動的な魂の力の領域
7　魂の生活の領域

最初の三つの領域では、魂の形成物の特性は反感と共感の関係をもとに、生み出されます。第四の領域では、共感は魂の形成物の内部で活動します。第五から第七までの高次の三つの領域では、共感の力はますます自由になります。この領域の魂的な素材は光輝きながら、生命力を与えながら、魂の空間を満たし、内面において自分自身を見失ってしまいそうになる魂の形成物を目覚めさせます(5)。

あらためていう必要もないことかもしれませんが、事実を明確にとらえるために、ここで、これらの魂の世界の七つの領域はばらばらに切り離されているわけではない、ということを強調しておきたいと思います。固体と液体と気体が物質のなかで混ざりあっているのと同じように、欲望の灼熱と流れるような感覚と願望の領域の力は、魂的なもののなかで浸透しあっています。そして物質の世界において、熱は物体の内部に浸透し、光は物体を外から照らし出しますが、魂の世界においては、快感と不快感の領域の力は物質の世界の熱のように魂的な存在の内部に浸透し、魂の光の領域の力は物質の世界の光のように魂的な存在を外から照らし出します。また同じような意味において、活動的な魂の力の領域に属する力は物質の世界の熱のように内側から、魂の生活の領域の力は物質の世界の光のように外側から作用します。

2 魂の世界における死後の魂

魂は人間の霊と体を媒介します。魂の共感と反感の力は（これらの力が作用しあうことによって、魂は欲望や敏感さや願望や快感・不快感などを表現します）、魂の形成物どうしのあいだで作用するだけではなく、魂がほかの世界、すなわち物質の世界と霊の世界の存在と出会ったときにも現れます。体のなかに住んでいるときには、魂は体のなかで生じるあらゆる事柄に関与します。体の物質的な活動が規則正しく営まれているときには、魂のなかに快感と心地よさが生じ、この活動が妨げられると、不快感と痛みが生じます。

また魂は霊の活動にも関与します。魂は、ある思考をとおして喜びの感情を抱き、別の思考をとおして嫌悪感を抱きます。魂は正しい判断には喝采を送り、誤った判断には不快感を抱きます。ある人間の発達のレベルは、魂の好みがどのような方向に向けられているかによって決められます。魂が霊の現れに共感すればするほど、人間はいっそう完全になります。魂の好みが体の営みをとおして満足を覚えることが多くなると、人間はそれだけ不完全になります。

霊は人間の中心点です。体は、霊が物質の世界を観察し、認識し、物質の世界のなかで活動するように媒介します。その一方で、魂は霊と体を媒介します。魂は空気の振動が耳に伝える物質的な印象から音の感覚を生じさせ、この音をとおして快感を体験します。そして魂がこれらのすべてを霊に伝達することによって、霊は物質の世界について理解します。魂が霊のなかに現れる思考を、それを実現しようとする願望に変えることによって、ようやく思考は体という道具の助けを借りて行為になるのです。

　人間のすべての活動が霊によって導かれることによってのみ、人間は自己の使命をはたすことができます。魂はみずからをとおしてその性質を霊だけにではなく、体にも伝えることができます。いわば魂はその触角を、上にある霊的なもののほうに向かって伸ばすだけではなく、下にある物質的なもののほうに向かっても伸ばすのです。物質の世界に沈潜することによって、魂自身の本質は物質的なものの性質によって貫かれ、色づけられます。魂によって媒介されることによって、初めて霊は物質の世界で活動することができるようになります。そしてそのことによって、霊自身も物質的なもののほうに向かうようになります。このとき霊の形成物は、魂の力をとおして物質的なもののほうに引き寄せられます。たとえば発達が不十分な人間を観察してみましょう。この人間の魂の性質は体の活動によって影響を受けています。この人間は、物質の世界が感覚に伝える印象のみをとおして快感を感じます。またそのことによって、この人間の精神生活も完全に物質的な領域まで引き降ろされています。この人間の思考は物質的な欲求の生活を満足させることにのみ仕えているのです。

　ある受肉状態から別の受肉状態へと輪廻転生することによって、人間自身の霊的な本質はいっそう霊的なもののなかから進むべき方向を受け取るようにならなくてはなりません。霊的な自己の認識は永遠の真理の霊によって定められ、霊的な自己の行動は永遠に善なるものによって支配されなくてはならないのです。

物質の世界で生じる事実としてとらえた場合、死は体の活動が変化することを意味します。人間が死ぬと、体はその機能をとおして魂と霊を媒介するのをやめます。それ以降は、体の活動は完全に物質の世界とその法則に従うようになります。すなわち体は物質の世界に移行し、溶解していきます。地上で生きている私たちが物質的な感覚によって観察することができるのは、死後に体がたどるこのような物質的なプロセスだけです。私たちは、体が崩壊したあとで魂と霊に関して生じる事柄を、物質的な感覚によってとらえることはできません。人間が生きているあいだには、私たちはその作用が物質的に現れる限りにおいて、人間の魂と霊を感覚的に観察することができます。人間が死んだあとでは、魂と霊がこのような物質的な方法で出現するのは不可能です。ですから私たちは、死後に人間の魂と霊がたどる運命について探っていく際に、物質的な感覚に基づく観察方法や、この観察方法を基盤とする科学を適用することはできません。このような場合には、私たちは、魂の世界と霊の世界の事象を観察することによって生み出される高次の認識を適用しなくてはなりません。

死後、体から解き放たれたあとも、しばらくのあいだは霊は魂と結びついています。人間が物質的な意味において生きていた頃は、体が霊を物質の世界と結びつける役割をはたしていましたが、人間が死ぬと、魂が霊を魂の世界と結びつけるのです。

しかしこのような魂の世界のなかに、霊自身の根源的な本質は含まれていません。魂は、霊をその活動領域である物質の世界と結びつけるという役割のみを担っています。次に新しく受肉するときに、完全な形姿を備えて現れるためには、霊は霊の世界から力と強さを汲み取らなくてはなりません。しかし人間が物質的な意味において生きていたときには、霊は魂をとおして物質の世界と深く関わっていました。物質的なものの性質によって貫かれ、色づけられた、魂と結びつくことによって、霊自身も物質的なもののほうに引き寄せられていたのです。死後、魂は体とつながることはなくなり、霊のみと結びつくようになります。いまでは魂は魂的な環境のなかで生きているため、魂の世界の力だけが魂に作用します。そして死の直後は、霊も、魂の世界におけるこのような魂の生活と結びつくことになります。物質的に受肉していた頃は、霊は体と結びついていましたが、いまでは霊は魂の生活と関わるようになります。体がいつ死ぬかは、体自身の法則によって決定されます。一般的には、体の力がもはや人間の組織のなかで活動することができなくなると、魂と霊が体を去るというよりは、むしろ魂と霊が体から解き放たれるのです(6)。魂と霊の関係に関しても、同じことがあてはまります。魂の力が人間の魂的な組織のなかで活動することができなくなると、魂は霊を高次の世界、すなわち霊の世界に向かって解き放ちます。魂が、体のなかに入ることによって体験した事柄を捨て去り、霊とともに持続し続ける要素だけを保持する瞬間に、霊は解放されます。体のなかで体験されてから霊に刻印される成果は保持され、それは純粋な霊の世界において魂を霊と結びつけます。

ですから死後に魂がたどる運命について知るためには、私たちは魂が溶解していくプロセスに目を向ける必要があります。人間が生きていた頃、魂は霊を物質的なもののほうに向かわせるという使命を担っていました。魂がこのような使命をはたし終えた瞬間から、魂は霊的なもののほうに向かうようになります。魂の使命はこのような性質を帯びており、本来ならば体が魂から分離して、魂が体と霊を媒介することができなくなると、魂はすぐに霊的な活動のみを行わなければなりません。体のなかで生活することによって体の影響を受け、体に愛着を抱くことがなければ、魂は実際にそのような霊的な活動を行うことでしょう。体的なものと結びつくことによって、このような影響を受けていなければ、魂は体を離れるとすぐに霊的・魂的な世界の純粋な法則に従うようになり、感覚的なものにそれ以上愛着を抱くことはないでしょう。死ぬときに人間が地上の世界に対する関心をすべて失い、自分が立ち去った地上の存在に関わるあらゆる欲望や願望などを捨て去っていたら、事実そのようになるでしょう。しかしそうでない場合には、このような点において、あとに残される要素が魂に付着することになるのです。

混乱しないように、私たちはここで、次回地上に受肉するときに清算しなくてはならないような形で人間と世界を結びつける要素と、生前の一回きりの受肉状態のみと人間を結びつける要素とを、注意深く区別しなくてはなりません。前者の要素は運命の法則、すなわちカルマによって清算され、後者の要素は、死後、魂によって脱ぎ捨てられます。死後、人間の霊は、「魂が物質的な存在に対する愛着を捨て、霊的・魂的な世界の法則に従って霊を解放する期間」を体験します。当然のことながら、人間が生きていた頃に、魂が物質的なものと密接に結びついていればいるほど、この期間は長く続くことになります。つまり、生前、物質的な生活にほとんど執着しなかった人の場合は、この期間は短くなるのに対して、生前、物質的な生活に強い関心を抱き、死んでもなお、多くの欲望や願望などが魂のなかで息づいている人の場合は、この期間は長くなるのです。

次のように考えると、死んだ直後に人間の魂が生活する状態について、容易にイメージすることができます。極端な例を挙げてみましょう。それは美食家が味わう快感です。美食家は、料理を食べるときの心地よい味覚に快感を覚えます。当然のことですが、快感とは物質的なものではなく、魂的なものです。魂のなかには快感だけではなく、快感を求める欲望も息づいています。しかし欲望を満たすためには、それに適した口蓋などの物質体の器官がどうしても必要です。死後、魂はこのような欲望をすぐに失うことはありませんが、魂には、欲望を満足させるための手段である物質体の器官がありません。その人にとって、それは見渡す限り水がまったく存在しない場所で、焼けつくような喉の渇きに苦しんでいるような状態なのです（確かにこの二つのケースはまったく同じではありませんが、基本的によく似ており、しかも魂が感じる苦しみのほうが、はるかに強く作用するのです）。このように魂は、快感が得られないことに焼けつくような苦しみを覚えます。なぜなら魂は、快感を得るための手段となる物質体の器官を、すでに脱ぎ捨ててしまったからです。同じようなことは、魂が求め、物質体の器官のみをとおして満足させることができるすべての事柄に関してあてはまります。このような状態（焼けつくような欠乏感）は、魂が、物質体のみをとおして満足させることができるものを欲しがらなくなるまで続きます。私たちは、魂がこのような時期を過ごす領域を、欲望の場所 Ort der Begierden と呼ぶことができます。もちろんこのような名称は、実際の「場所」とは関係ありません。

死後、魂の世界に足を踏み入れると、魂は魂の世界の法則に従います。魂の世界の法則は魂に作用します。そしてこのような作用をとおして、魂のなかに存在している物質的なものへの愛着がさまざまな形で消し去られていきます。このような作用は、魂が滞在する領域に含まれている魂の世界の実体と力の種類におうじて、それぞれ異なったものになります。このような種類の魂的な実体と魂的な力はすべて、魂を清め、純化するように作用します。このようなプロセスをとおして、魂のなかのすべての反感は少しずつ共感の力によって克服され、共感そのものが最高の段階まで高められます。このように自分以外の魂の世界全体に対して最高度の共感を抱くことによって、魂はいわば魂の世界のなかに溶解していき、魂の世界と一体化します。魂のなかのエゴイスティックな性質は完全に消滅します。魂は、物質的な存在に愛着を抱かなくなります。そしてこのとき、霊は魂から解放されます。魂は、さまざまな魂の世界の領域を通過するあいだに浄化され、その後、完全な共感の領域において普遍的な魂の世界と一体になります。霊は、ともに生活することによって魂と深く関わりあうため、魂から解放される最後の瞬間まで、魂と結びついています。霊と魂の関係は、霊と体の関係よりもはるかに強固です。というのも、霊と体は魂を媒介として間接的に結びついているだけですが、霊と魂は直接結びついているからです。魂は霊自身の生活を反映しています。そのため人間の死後、霊は分解していく体とではなく、少しずつ自由になっていく魂と結びつきます。

霊は魂と直接結びついているため、魂自身が普遍的な魂の世界と一体になったときに、ようやく霊は自分が魂から解放されたと感じます。

魂の世界は、死の直後に人間が一時的に滞在する場所です。この意味において、私たちは魂の世界を「欲望の場所」と呼ぶことができます。「欲望の場所」は、このような事柄に関する認識を教義に取り入れたさまざまな宗教の体系において「煉獄 Fegefeuer」、あるいは「浄化の火 Läuterungsfeuer」などと呼ばれています。

魂の世界の一番下位の領域は欲望の灼熱の領域です。死後、欲望の灼熱の領域において、粗野で低次の体的な生活と関わるエゴイスティックな欲望はすべて、人間の魂のなかから消し去られます。エゴイスティックな欲望を抱いている人間の魂は、欲望の灼熱の領域に属する力の作用を体験します。この領域の力は、物質的な生活の名残りである、満たされない欲望に襲いかかってきます。人間の魂は、みずからのエゴイスティックな本性を育ててくれるものだけに共感を抱いています。魂がそれ以外のあらゆるものに向ける反感は、この共感をはるかに圧倒しています。魂が抱いている欲望は、魂の世界では満足させることができない、物質的な快楽を求めています。欲望を満たすことができないので、渇望は最高度に高められます。しかし同時に、欲望を満たすことができないことによって、渇望は少しずつ消し去られていきます。燃えるような欲望はじょじょに自分自身を食い尽くしていきます。そしてこのとき魂は、このような欲望を消し去ることが欲望から生じる苦しみを克服する唯一の手段である、ということを体験します。人間が物質的に生きているあいだは、欲望は繰り返し満たされます。そのため燃えるような渇望の痛みは、一種の幻影によって覆い隠されます。人間が死ぬと、「浄化の火」のなかで、この痛みはむきだしになって姿を現します。そして魂は、このような痛みと結びついた欠乏感を体験するのです。このことによって魂は陰鬱な状態に置かれます。もちろんこのような状態に陥る可能性があるのは、物質的な生活を営んでいた頃に、粗野な事柄に欲望を向けていた人びとだけです。本性のなかに欲望をほとんど抱いていない人びとは、この状態と深く関わることはないので、気がつかないうちにこの状態を通過していきます。ここでは、「物質的な生活において欲望の灼熱と深く関わることによって、灼熱のなかで浄化される必要が生じると、人間の魂はそれだけ長い期間にわたって欲望の灼熱の作用を受けることになる」ということを述べておかなくてはなりません。人間は感覚的な世界において、これと似かよった体験を単なる苦しみとして感じ取りますが、私たちはそれと同じ意味において、このような浄化を苦しみと呼ぶわけにはいきません。なぜなら、魂のなかの不完全な部分は浄化のみをとおして消し去ることができるので、魂は死後、浄化されることを自分から求めるからです。

魂の世界の第二の領域においては、共感と反感が均衡を保ちます。人間の魂は死後この状態を体験するとき、しばらくのあいだこのようなプロセスの作用を受けます。地上の人生において無意味な事柄に熱中したり、過ぎ去りゆく感覚的な印象に喜びを感じたりすることをとおして、人間はこの状態に置かれます。死後人間は、魂の世界の第二の領域において、魂の性質によって生み出される、このような状態のなかで生活します。

生前、人間は日々の生活のなかで、さまざまな無意味な事柄と関わりました。このとき、人間の共感は特定の事物に向けられることはなかったので、印象はすぐに過ぎ去っていきました。しかも人間は、無意味なもの以外にはすべて、反感を抱いていました。しかし人間が死ぬと、魂は、この状態を満足させるのに必要な感覚的・物質的なよりどころを失ってしまいます。そのため、魂が死後この状態を体験することによって、最後にはこの状態は消え去ることになります。もちろんこの状態が完全に消え去るまで、魂は内面において、苦しみに満ちた欠乏感を味わいます。このような苦しみに満ちた状態は、物質的に生きているあいだに人間を包み込んだ幻影を破壊するために必要な試練なのです。

魂の世界において第三番目に見出されるのは、共感が支配的になり、願望の作用が優勢になるような領域です。人間の魂は死後、願望の作用を備えたあらゆる事柄をとおして、この領域の作用を体験します。そしてそれを満足させることができないため、このような願望も少しずつ消滅していきます。先に魂の世界の第四番目の領域として述べた、快感と不快感の領域は、特別の試練を魂に課します。物質体のなかに住んでいるときには、人間の魂は物質体と関わるあらゆる事柄に関与します。魂が感じる快感と不快感の作用は、物質体と結びついています。物質体をとおして、魂のなかに快適さと心地よさ、あるいは不快感と心地悪さが呼び起こされます。人間は物質的な意味において生きているときには、物質体こそが自分自身である、と感じています。自己感情 Selbstgefühl と呼ばれているものは、このような事実に基づいています。そして人間が感覚的な素質を備えていると、自己感情はいっそうこのような性格を帯びることになります。

人間が死ぬと、このような自己感情の対象となる物質体は消滅します。そのため、まだ自己感情を保持している魂は、まるで自分自身が空洞になってしまったように感じます。魂は自分自身を失ってしまったような感情に襲われます。このような喪失感は、魂が、真の人間は物質的なもののなかには存在しない、ということを認識するまで続きます。このように第四番目の領域の作用は、物質体こそ自分自身である、という幻影を破壊します。人間の魂は、物質体と関わる要素は本質的なものではない、と感じるようになります。魂は物質体に愛着を抱く状態から癒され、浄化されます。このことによって魂は、それまで自分自身を物質の世界に強固に結びつけていたものを克服したことになります。そして魂は、外に向かう共感の力を完全に発達させることができるようになります。魂はいわば自分自身から離れたのです。いま魂は、周囲に存在するものに十分な関心を抱きながら、すすんで普遍的な魂の世界のなかに自分自身を注ぎ出していきます。

ここで、自殺者はこの第四番目の領域をとくに深く体験することになる、ということについて言及しておかなくてはなりません。自殺者は不自然な方法で物質体を去りました。しかしその一方で、物質体と結びついた感情はすべて、生きていた頃と同じ状態で残っています。人間が自然な状態で死ぬ場合には、物質体が分解するときに、物質体に愛着を抱いている感情も部分的に消滅します。しかし自殺する場合には、人間は、突然自分が空洞になったような感情を呼び起こす苦痛だけではなく、自殺の原因となった、満たされることのない欲望や願望までも体験することになります。

魂の世界で第五番目に見出されるのは、魂の光の領域です。ここから先の領域では、自分以外の存在に対する共感が重要な役割をはたすようになります。物質的な生活を営んでいるあいだに、低次の欲求を満足させることにばかり没頭しないで、周囲の世界との出会いのなかに喜びや心地よさを感じ取った魂は、この領域の共感の力と深く結びつくことになります。

自然に対して強い感覚的な感情を抱く人間の魂は、この領域において浄化されなくてはなりません。しかし私たちはこのような形で自然に対して強い感情を抱きながら生活することと、自然のなかで崇高な生活を営むことを区別する必要があります。自然のなかで営まれる崇高な生活は霊的な性質を帯びており、人間はこのような生活を営むときには、自然の事物や事象のなかに姿を現す霊を探求することができます。このとき人間は自然に対する感覚をとおして、霊そのものを育て、霊のなかに持続的なものの基盤を見出します。私たちはこのような霊的な自然感覚と、感覚的なものをとおして快感を味わうような自然感覚を区別する必要があります。自然以外の物質的な存在に対する愛着だけではなく、このような自然に対する快感においても、人間の魂は浄化されなくてはならないのです。

現在多くの人びとは感覚的な幸福のために役立つ施設、たとえば感覚的な快適さを生み出すような教育システムに、ある種の理想を見出しています。このような人びとはみずからのエゴイスティックな衝動だけに仕えているわけではありませんが、この人びとの魂は感覚的な世界との結びつきを残しているため、死後、魂の世界の第五番目の領域を支配する共感の力によって癒されなくてはなりません。第五番目の領域では、この人びとはうわべだけの方法で、共感の力を満足させることはできません。この第五番目の領域において、このような人びとの魂は少しずつ、感覚的なものと結びついた共感は別の道を歩まなくてはならない、ということを認識します。このとき魂は、周囲の魂的な環境に向けられた共感をとおして魂的な空間のなかに注ぎ出されていくのです。

宗教的な修業をとおして、まず何よりも、自分自身の感覚的な幸福を高めるようとする人びとの魂も、第五番目の領域で浄化されます。このような人びととの憧れの気持ちが地上的な楽園に向けられていようと、天上的な楽園に向けられていようと、違いはありません。この人たちは「魂の国」に楽園を見出そうとします。しかしこのような試みは、結局は、このような楽園には価値がない、ということを認識することによって終わります。もちろん以上挙げたのはすべて、魂の世界の第五番目の領域で生じる浄化のいくつかの例にすぎません。必要な場合には、さらに同じような例を挙げることも可能です。

第六番目の活動的な魂の力の領域を通過するときに、人間の魂のなかの、行為を渇望する部分が浄化されます。人間の魂のこの部分は、エゴイスティックな性格は帯びていませんが、この人間が行動する動機は、行為がもたらしてくれる感覚的な満足を得ることにあります。行為から得られる快感を追求する人びとは、外見上は徹底した理想主義者のような印象を与えます。このような人びとは、すすんでみずからを犠牲にすることができる人物のように見えます。しかし魂の奥深い部分では、この人たちにとっては感覚的な快感の感情を高めることが重要な意味をもっているのです。芸術にたずさわる多くの人びとや、自分の好みにあうというだけの理由で学問的な研究活動に打ち込む人びとは、このような部類に属します。このような人びとを物質の世界と結びつけているのは、芸術や学問は自分自身の好みを満足させるために存在している、という信念なのです。

本来の魂の生活の領域である、第七番目の領域は、最後まで残った感覚的・物質的な世界に対する愛着から人間を解放します。ここまでの領域はすべて、魂のなかから、魂と深く結びついている要素を取り去るように作用しました。しかしそれでもなお、霊の活動は感覚的な世界に完全に捧げられるべきである、という考えが、依然として人間の霊と結びついています。たとえばすぐれた才能に恵まれながら、物質の世界の事象以外についてはあまり考えようとしない人びとがいます。このような人びとが抱いている信念は、唯物論的な信念と呼ぶことができます。このような信念は打ち壊されなくてはなりません。そしてそれが可能になるのが、魂の世界の第七番目の領域なのです。第七番目の領域において、人間の魂は、真の現実のなかには唯物論的な考え方の対象は存在しない、ということを知ります。太陽にさらされた氷が溶けていくように、魂が抱いている唯物論的な信念は、第七番目の領域において溶解していきます。いま魂の本質はそれ自身が属している世界によって吸収され、霊はすべての束縛から解放されます。霊は次の領域へと飛翔していき、そこで霊自身の環境に取り巻かれて生活することになります。

魂は、自分に課せられていた、前回の地上での仕事をはたしました。このような仕事のうち、死後、霊にとって束縛となって残っていた要素は、ようやく解き放たれました。地上の生活の名残りを克服することによって、魂自身はそれが本来属している領域に帰っていきます。

このように見ていくことによって、「人間が、物質と地上的に直接結びついている要素を捨て去ると、そのぶんだけ魂の世界の体験と、死後に魂が営む生活の状態は、魂に抵抗することはなくなる」ということが明らかとなります。物質的な人生を送るあいだに生み出された前提条件に従って、死後、人間の魂がいずれかの領域に滞在する期間は長くなったり、短くなったりします。自分はある領域と深く結びついている、と感じると、この結びつきが消滅するまで、魂はその領域に滞在します。自分と関わりのない領域に関しては、魂は何も感じないで、その領域から生じる作用を受けずにそのまま通過していきます。ここでは、魂の世界の基本的な特性について記述し、この世界で魂が営む生活の一般的な特徴を示すにとどめました。同様のことは、このあとに続く霊の国の記述に関してもあてはまります。もしこのような高次の世界の特徴についてこれ以上詳しく解説すると、本書が守るべき限界を越えることになるでしょう。私がここで空間と時間にたとえて解説しているような事柄に関しては（高次の世界では、このような空間の関係と時間の経過と関わるすべての事柄が、物質の世界とはまったく異なっています）、もれなく詳細に記述するときにのみ、本当にわかりやすい形で語ることができます。この点に関するいくつかの重要な事柄については、私の著書である『神秘学概論』を参照して下さい。

3　霊の国

人間の霊がさらに旅を続けていく様子を観察する前に、まず、霊がこれから入っていく領域そのものを観察することにしましょう。その領域とは「霊の国」です。霊の国は物質の世界とはまったく似ていないため、自分自身の物質的な感覚だけを信頼しようとする人は、霊の国について語られる事柄をすべて、空想じみた話だと考えるに違いありません。すでに「魂の世界」を観察する際に、このような事柄について記述する場合には比喩をもちいなくてはならない、と述べましたが、今回は、これまで以上に同じことがいえるのです。多くの場合、感覚的な現実のみと結びついている私たちの言語には、「霊の国」に関して直接もちいることができるような表現は、あまり豊かに含まれてはいません。ですからとくにここでは、筆者が述べる多くの事柄をおおまかな説明として受け取るようにお願いしておきます。ここで述べる事柄はすべて、物質的な世界とはあまりにも異なっているため、このような方法で記述するほかはないのです。このような記述を行うとき、筆者は、「物質的な世界に向けられた言葉による表現手段は不完全なものであるため、このような叙述は霊的な領域における経験をいい表すのに適していない」ということをつねに意識することになります。

ここではとくに、「霊の国」は人間の思考を構成する素材から作り出されている、という点を強調しておかなければなりません（もちろんここでは、「素材 Stoff」という言葉も、きわめて比喩的な意味でもちいられています）。人間のなかで生きている思考は真の思考存在の影、あるいは幻影です。人間の頭をとおして現れる思考と、この思考に対応する「霊の国」の存在の関係は、壁に映る物体の影と、この影を投げかける実際の物体の関係と似ています。人間の霊的な感覚が呼び起こされるとき、感覚的な目がテーブルや椅子を知覚するのと同じように、人間はこのような思考存在を実際に知覚します。このとき人間は、周囲を思考存在たちが取り巻く霊的な世界のなかを実際に動き回ります。たとえば感覚的な目がライオンを知覚するとします。このとき感覚的なものに向けられた思考は、ライオンを生み出すもとになる思考を幻影、あるいは影のような像として知覚します。感覚的な目が物質的なライオンを見るのと同じくらい現実的に、霊的な目は「霊の国」においてライオンを生み出すもとになる思考を見るのです。ここで私たちは、「魂の国」に関して記述したときにもちいた比喩を、ふたたびもちいることができます。生れつき目が見えない人が手術を受けると、突然、まわりの世界が色と光の新しい特徴を伴って出現するのと同じように、自分自身の霊的な目をもちいることを学んだ人の前には、周囲の環境は新しい世界に満たされながら、つまり生きた思考や霊存在たちの世界に満たされながら、姿を現します。私たちはこのような世界で、まず最初に、物質の世界と魂の世界に存在しているすべての事物や存在の霊的な原像 Urbild を目にします。たとえば、画家の絵が描かれる前にすでに霊のなかに存在している、とイメージしてみて下さい。このような比喩は、ここで筆者が原像という言葉をもちいて表現しようとしている事柄にぴったりとあてはまります。ここで、「画家は絵を描く前に、このような原像を頭のなかに抱いていないこともある。その場合には、画家が実際に仕事を進めていくうちに、原像はようやく少しずつ完全な姿を現すことになる」といったケースについて考えても、意味はありません。実際の「霊の国」には、すべての事物に対応する原像が存在しています。そして物質的な事物と存在は、これらの原像の模写なのです。

外界に向けられた自分自身の感覚だけを信頼する人がこのような原像の世界を否認し、「原像とは、人間が悟性をもちいて感覚的な事物を比較することによって獲得した、抽象概念にすぎない」と主張するとしても、不思議はありません。なぜならその人自身は、このような高次の世界において知覚することができないからです。その人が思考の世界について知っているのは、その幻影のような抽象的な性質だけです。その人は、「霊的に見ることができる人は、自分が飼っているイヌやネコと同じように、霊存在たちとなれ親しんでいる。原像の世界は、感覚的・物質的な現実よりも、はるかに強い現実性を備えている」ということを知らないのです。

　初めてこの「霊の国」に目を向けるとき、私たちは、魂の世界を見るときよりも混乱を覚えます。なぜなら原像の本当の形姿は、その感覚的な模写とはまったく似ていないからです。また同様に原像は、その影である抽象的な思考概念とも似ていません。

「霊の国」では、あらゆるものはたえず動きながら活動し、休むことなく創造し続けています。物質の世界とは違って、霊の世界ではある存在が休息したり、一つの場所に留まったりすることはありません。なぜなら原像とは創造する存在だからです。原像は、物質の世界と魂の世界に生じるあらゆる存在にとって、現場主任のようなものです。原像の形態はすばやく変化します。それぞれの原像は、いくつもの特殊な形姿を取る可能性を含んでいます。原像は、そのなかからある特殊な形姿を芽生えさせます。一つの形姿が作り出されるとすぐに、原像は次の形姿を生じさせます。そして原像どうしは、程度の差はあっても、おたがいに類縁関係にあります。原像は一つだけ孤立して活動することはありません。ある原像は創造行為を行うために、別の原像の助けを必要とします。魂の世界や物質の世界で何らかの存在を生じさせるために、多くの原像が共同で活動することもよくあります。このような「霊の国」には、「霊的に見る」ことをとおして知覚する事柄だけではなく、「霊的に聴く」体験と見なされる事柄も存在します。「霊視者」が魂の国から霊の国へ上昇していくと、「霊視者」が知覚する原像はすぐに鳴り響き始めます。このような「音の響き」は、純粋な霊的な事象です。私たちはここで、物質的な音をいっさい考慮に入れないで、霊的な音の響きをイメージしなくてはなりません。このような観察を行うとき、私たちは音の海のなかにいるように感じます。そしてこの音の霊的な響きのなかで、霊の世界の存在たちが姿を現します。存在たちのおたがいに調和しあう音の響きや、ハーモニーやリズムやメロディーをとおして、存在の根源の法則性と、存在たちどうしの関係と類縁性が表現されます。物質の世界において、私たちが悟性をもちいて法則や理念として知覚する事柄が、ここでは「霊的な耳」の前に、霊的な・音楽的な要素として姿を現すのです（そのためピュタゴラス学派の人びとは、このようにして知覚した霊の世界の内容を「天界の音楽 Sphärenmusik」と呼びました。「霊的な耳」を備えている人にとっては、このような「天界の音楽」は単なる象徴や寓意ではなく、自分でもよく知っている霊的な事実なのです）。このような「霊的な音楽」について正しい概念を見出すためには、私たちは「物質的な耳」をとおして知覚する、感覚的な音楽のイメージをすべて排除しなくてはなりません。筆者がここで述べているのは「霊的な知覚」、すなわち「感覚的な耳」によってとらえることができない知覚なのです。「霊の国」に関する以下の記述では、説明を簡素なものにするために、「霊的な音楽」については言及しませんが、これ以降、「像」や「光輝くもの」として記述されている事柄は、同時にすべて鳴り響くものとイメージして下さい。たとえば色彩や光の知覚には霊的な音が結びつき、色彩どうしの共同作用には和音やメロディーなどが結びついています。また私たちは、音が中心的な役割をはたしているところでも「霊的な目」による知覚がなくなるわけではない、ということもはっきりと理解しなくてはなりません。音の響きは光の輝きに加わる要素なのです。以下の記述において「原像」について語られる場合には、あわせて「原音 Urton」も思い浮かべて下さい。さらにそこには、「霊的な味覚」などと比喩的に表現することができる、別の知覚も加わります。しかし今回は、これらの事象には詳しく立ち入らないことにします。なぜなら本書の目的は、全体のなかから選び出されたいくつかの種類の知覚をとおして、私たちが「霊の国」全体についてのイメージを作り上げることにあるからです。

まず最初に、さまざまな種類の原像を区別することにしましょう。「霊の国」においても、自分の位置を正しく確認するためには、私たちは多くの段階や領域を区別しなくてはなりません。「魂の世界」と同様に、「霊の国」においても、それぞれの領域は層のように重なりあっているわけではなく、おたがいに浸透しあっています。

「霊の国」の第一の領域には、生命をもたない物質の世界の原像が含まれています。私たちはここに、鉱物の原像のほかに、植物の原像も見出すことができます。ただし私たちがここに見出すのは、純粋に物質的な意味における植物の原像だけです。植物の生命の原像は、ここには含まれません。また同様に、私たちはこの領域で、動物や人間の物質的な形態の原像に出会います。これらが、この領域に存在しているもののすべてではありませんが、ここでは、以上のようなわかりやすい例をとおして解説するだけに留めます。

このような第一の領域は「霊の国」の基本的な枠組みを形成しています。このような枠組みは、私たちが住んでいる物質的な地球の固い大地にたとえることができます。それは、「霊の国」の大陸なのです。「霊の国」の大陸と物質的な世界の関係について解説するためには、比喩をもちいなくてはなりません。私たちはたとえば次のように考えると、このような事柄をイメージすることができます。まず、さまざまな種類の物質的な物体によって満たされた、狭い空間を思い浮かべてみて下さい。次にこの物質的な物体を消して、その代わりに消し去った物体の形をしている、いくつもの空洞になった部分をイメージして下さい。そして、いままで物体と物体のあいだを占めていた何もない空間が、先ほど消し去った物体とさまざまな関係をもつ、多様な形態によって満たされている様子を思い浮かべてみて下さい。

原像の世界ではもっとも低いところにある第一の領域は、ほぼこのような様子をしています。この領域では、物質の世界で物質的な形態を取って現れる事物や存在が「空洞」として存在しています。そしてそのあいだの空間では、原像が（そして「霊的な音楽」が）活発に活動します。物質の世界において、事物や存在が物質的な形態を取るときには、このような空洞になった部分は物質的な素材によって満たされます。もし物質的な目と霊的な目を使って同時に空間を眺めることができるならば、私たちは物質的な物体だけではなく、物体と物体とのあいだに、創造する原像の活発な活動を見ることになるでしょう。

一方、「霊の国」の第二の領域は生命の原像を含んでいます。ここでは、生命は完全な統一体を形成しています。生命は液体のような要素として、いわば血液となってあらゆるもののなかで脈打ち、霊の国を貫いて流れています。私たちはこのような生命を物質的な地球の海や、川や湖などの水の集まりにたとえることができます。ただしこの生命の分布のしかたは、海や川などが地球上に散らばっている様子よりも、むしろ動物の体の内部で血液が分布している様子に似ています。私たちはこのような「霊の国」の第二の領域を、思考の素材によって作り上げられた流れる生命、と表現することができます。このような要素のなかに、物質的な現実のなかに姿を表すすべての生命存在が備えている、創造的な根源の力が含まれています。ここにおいて、すべての生命は一つの統一体である、ということと、人間のなかの生命はほかのすべての被造物の生命と類縁関係にある、ということが明らかとなります。

「霊の国」の第三の領域には、あらゆる魂的なものの原像が存在しています。私たちはこの領域に、最初の二つの領域に含まれる要素よりも、はるかに希薄で繊細な要素を見出します。このような要素は、「霊の国」の大気圏と比喩的に表現することができます。人間の魂は生きているあいだは物質の世界において、死後は魂の世界において、さまざまな魂的な事象を生み出しますが、このような事象の原像が、この領域で活動しています。あらゆる感覚や感情や本能や情熱などは、この領域において、霊的な意味において存在しています。「霊の国」の大気圏のなかで生じる大気のような事象は、物質の世界と魂の世界に存在する被造物が体験する苦しみや喜びに対応しています。たとえばこの領域では、ある人間の魂が抱いている憧れの気持ちは、かすかな空気の動きとなって現れます。激しい情熱は嵐のような風となって現れます。ここで述べている事柄を正しくとらえた上で、注意深く周囲の人間を観察してみると、私たちは、人間が発するためいきの本当の意味を理解することができるようになります。また私たちはこの領域のなかに、光る稲妻やとどろく雷鳴を伴う、嵐のような雷雨を見出すこともあります。そしてこのような事柄を深く探求していくとき、私たちは「霊的な雷雨」は、じつは地上で行われた戦闘の現れであることに気づきます。

第四の領域の原像は、物質の世界や魂の世界と直接関わることはありません。第四の領域の原像は、いわば下位の三つの領域を支配し、この三つの領域の原像どうしが出会うように媒介する存在なのです。したがって第四の領域の原像は、このような下位の領域の原像を正しく配列したり、グループ分けしたりする仕事にたずさわります。そのため第四の領域においては、下位の三つの領域よりも包括的な活動が生じることになります。

「霊の国」の第五・第六・第七の領域は、ここまでの領域とは本質的に異なっています。というのも、この三つの領域に属する存在たちは、下位の領域の原像が活動するための誘因を生み出すという役割を担っているからです。私たちはこの上位の三つの領域の存在たちのなかに、原像本来の創造的な力を見出します。この領域まで上昇するとき、私たちは、物質の世界の基礎になっている「意図 Absicht」*原註1 と出会います。ここでは原像が、生きた萌芽のように、いつでも思考存在のさまざまな形態を取ることができる状態にいます。そして「霊の国」の下位の領域に移されると、この萌芽は成長し、多様な形姿を取るようになります。人間の霊は理念をとおして、物質の世界のなかで創造的に活動しますが、このような理念は、霊の世界の上位の領域に属する、萌芽のような思考存在の反映であり、影なのです。「霊的な耳」をもちいて探求しながら、「霊の国」の下位の領域から上位の領域に上昇していくとき、私たちは、響きと音が「霊的な言語」に変化することに気づきます。このとき私たちは、「霊的な言葉」を知覚し始めます。事物と存在は、その本質を音楽的に私たちに告げるだけではなく、「言葉」そのものとなってその本質を表現するようになります。事物と存在は、霊学において「永遠の名称 ewiger Name」と呼ばれているものを告げるのです。

霊の世界の上位の領域に属する萌芽のような思考存在は、覆いと核という二つの部分によって構成されています。すなわち思考の世界の要素から取り出されるのは、萌芽のような思考存在の覆いだけであり、この覆いによって本来の生命の核 Lebenskern が包み込まれているのです。ここにおいてついに私たちは物質の世界・魂の世界・霊の世界からなる「三つの世界」の終点に到達しました。なぜなら生命の核は、三つの世界を越えた、さらに高次の諸世界からやってくるからです。本書の初めのほうで、人間の構成要素について解説したとき、筆者は、人間におけるこのような生命の核について言及し、人間の構成要素として「生命霊」と「霊人」を挙げました。同じような生命の核は、別の世界の存在にとっても、存在しています。このような生命の核は高次の諸世界からやってきて、その使命をはたすために、これまで見てきたような三つの世界に移されるのです。

では次に、人間の霊が二つの受肉状態にはさまれた時期を過ごすときに、「霊の国」を旅する様子を追っていくことにしましょう。そうすれば、この「霊の国」の状況と特徴が新たな形で明らかになることでしょう。

4　霊の国における死後の霊

死後二つの受肉状態にはさまれた時期を過ごすあいだに、人間の霊は「魂の世界」を通過したあとで「霊の国」に足を踏み入れ、そのまま「霊の国」に留まって、ふたたび新しい体《たい》のなかに生まれることができるようになるまで成熟します。地上に受肉した人間がはたすべき人生の課題を明らかにするときにのみ、私たちは人間の霊が「霊の国」に滞在することの真の意味を理解できるようになるのです。

物質体のなかに受肉しているときには、人間は物質の世界で活動し、創造的な行為にたずさわります。このとき人間は霊的な存在として物質の世界のなかで仕事をしたり、ものを創造したりします。人間はみずからの霊が考え出したり、発展させたりすることを、物質的な形態や、物質的な素材と力をとおして形にします。つまり人間は、霊的な世界の使者として霊を物質の世界に組み込むという役目を担っているのです。人間は受肉することによってのみ、物質の世界で活動することができます。人間が物質的なものをとおして物質の世界に作用を及ぼしたり、逆に物質的なものが人間に作用したりするためには、人間は物質体をみずからの道具として受け取らなくてはなりません。このような人間の物質体をとおしてつねに作用し続けているのは、霊です。この霊によって物質の世界で活動するための意図、すなわちめざすべき方向が与えられるのです。

霊は物質体のなかで活動しているときには、霊そのものとして、本当の姿を現すことはありません。霊はいわば物質的な存在のヴェールをとおして輝くことしかできないのです。つまり人間の思考生活は、本来は「霊の国」に属しているのですが、思考生活が物質的な存在のなかに姿を現すときには、その本当の姿は覆い隠されています。私たちはまた、「物質的な人間の思考生活は、それが本来属している真の霊的な存在の影絵であり、似姿である」ということもできます。このように物質的な人生を生きるときには、霊は物質体をもとにして、地上の物質的な世界と作用しあいます。人間の霊はある受肉状態から次の受肉状態へと輪廻転生し、地上の人生を続けることによって、物質的な世界に対して働きかけるという使命を担っていますが、もし体的な存在としてのみ生きているのだとしたら、人間の霊はこのような使命をふさわしい方法ではたすことはできないでしょう。建築家が家の設計図を労働者たちが働く建築現場で描くことがないのと同様に、地上ではたすべき使命の意図と目標が、地上の受肉状態の範囲内において作り上げられたり、受け取られたりすることはありません。家の設計図が建築家の事務所で仕上げられるのと同じように、地上的な創造の目標と意図は「霊の国」において形成されるのです。

人間の霊は、二つの受肉状態にはさまれた時期を、繰り返し霊の国で生活することによって、霊の国から受け取ったものをたずさえて物質的な人生の仕事に取り組むことができるようになります。建築家はレンガやモルタルには実際に手を触れないまま、自分のアトリエで建築学上の規則に従って、家の設計図を完成させます。それと同じように人間の創造にたずさわる建築家である霊、あるいは高次の自己は「霊の国」において、「霊の国」の法則に従って能力と目標を発達させ、それを地上の世界にもたらします。人間の霊は、二つの受肉状態にはさまれた時期に、本来属している霊的な領域に繰り返し滞在することによってのみ、物質的・体的な道具をとおして地上の世界のなかに霊的なものをもたらすことができるのです。

物質的な領域において、人間は物質の世界の特性と力について学びます。人間は物質の世界で創造的な行為にたずさわりながら、物質の世界で仕事をする人に求められることに関して、さまざまな経験を積みます。人間は物質の特性について学び、物質のなかに自分自身の思考と理念を受肉させようとします。人間は思考と理念そのものを物質のなかから取り出すことはできません。地上の世界は創造的な行為の場所であるだけではなく、学習の場所でもあります。人間が地上の世界で学んだ事柄は、その後、「霊の国」において霊の生き生きとした能力に変えられます。

この点についてわかりやすく解説するために、先の建築家の比喩をふたたび取り上げてみましょう。建築家が家の設計図を丹念に仕上げると、この設計図に従って、実際に家が建てられます。このとき建築家はさまざまな経験をします。こうした経験はすべて、建築家の能力を高めます。そして建築家が次の設計図を作成するときには、こうした経験がすべて、そこに流れ込んでいきます。新しい設計図は、建築家が最初の設計図を作成するときに学んだあらゆる事柄のぶんだけ、最初の設計図よりも豊かなものになっています。連続する人間の人生に関しても、同じことがいえます。二つの受肉状態にはさまれた期間に、霊は自分が本来属する領域で生活し、霊的な生活の要求に完全に身をゆだねます。霊は物質体から自由になって、あらゆる方向に向かって自分自身を育成し、このような過程のなかに、それまでの人生の経験の成果を取り入れます。霊はつねに、自分が地上的な使命をはたすべき、地球という場所のほうに目を向けています。霊の活動の場所が地球である以上、霊は、地球の必然的な霊的進化の過程をずっと見つめ続けるのです。そして受肉するたびに、変化し続ける地球の上で、そのときどきの地球の状態にふさわしい形で自分の使命をはたすことができるように、霊は霊の国にいるあいだに自分自身を作り変えるのです。

もちろんこれは、人間が輪廻転生をとおして繰り返し受肉することに関しての一般的な観念にすぎません。現実はこのような観念とまったく同じではなく、程度の差はあっても、この観念とほぼ一致する程度に留まっています。場合によっては、ある人間の次の人生は、前の人生よりもはるかに不完全なものになることもあります。しかしながら全体として大きくとらえてみると、かりにこのような特殊なケースが生じるとしても、それは人間が何度も地上の人生を生きることをとおして、一定の範囲内においてふたたび調整されることになります。

人間が「霊の国」のさまざまな領域で生活することによって、霊は育成されていきます。人間はふさわしい順序に従って、一つひとつの領域と一体になっていきます。そして通過するときには、人間はそれぞれの領域の特性を受け取ります。このようにして霊の国の領域のなかから、領域そのものの本質が人間の本質のなかに浸透していきます。それは、人間の本質がこれらの領域の本質をとおして強められることによって、のちに地上に受肉するときに、人間が生き生きと活動することができるようになるためです。

「霊の国」の第一の領域において、人間は地上の事物の霊的な原像によって取り巻かれます。地上で生きているときには、人間は思考のなかでとらえる原像の影しか知りません。人間は、地上では思考することしかできない事柄を、「霊の国」の第一の領域では体験することができるのです。人間は思考のあいだを進んでいきますが、この思考は現実的な存在です。地上で生活していた頃は人間が感覚をとおして知覚していた事柄が、いままでは思考の形態をとおして人間に作用を及ぼしてきます。地上の世界とは違って、この領域では、思考が、事物の背後に隠れた影のようなおぼろげな姿で現れることはありません。ここでは思考は、事物を生み出す、生命にあふれた現実的な存在なのです。このとき人間は、地上の事物が形成される、思考の仕事場にいます。「霊の国」では、あらゆるものが生き生きと行動し、活動しています。ここでは思考の世界は、生きた存在の世界として創造し、形成するという仕事にたずさわっています。人間はここで、かつて地上に存在していた頃に体験した事柄が形成される様子を目のあたりにします。地上に存在していた頃には、人間は物質体のなかで感覚的な事物を現実として体験しましたが、人間は「霊の国」において、みずから霊となって霊的な形成力を現実的に体験します。霊の国の思考存在のなかには、人間自身の物質体を生み出すもとになる思考も含まれています。このとき人間は、自分が物質体の本質から引き離されているのを感じます。そして人間は、本当に自分のものと呼べるものは、みずからの霊的な本質だけであることを実感します。記憶のなかに残っている地上に脱ぎ捨ててきた体は、本当は物質ではなく思考存在だったのである、ということに気づくとき、人間は、体は外界に属している、という事実を直観的にとらえます。人間は体を外界に属しているもの、すなわち外界の構成要素と見なすようになります。その結果、人間は自分自身の体を、自己と深く結びついているものとして、自分以外の外界から切り離して考えるのをやめます。人間は自分自身の体の受肉状態も含めて、外界全体を一つの統一体と感じます。ここにいたって人間自身の受肉状態は、それ以外の世界と溶けあって一つになります。このようにして人間は、物質的・体的な現実の原像を一つの統一体と見なし、そこに地上にいた頃の自分自身が属していたことを知ります。このようにして人間は、観察することをとおして、自分が周囲の世界と深く結びついており、周囲の世界と一つの統一体を形成していることを少しずつ学んでいきます。そして人間はこの統一体を前にしながら、「ここでおまえのまわりに広がっているのは、かつてのおまえ自身である」と考えます。

これは、古代インドのヴェーダーンタ Vedanta の知恵[7]の基本的な思想の一つです。「賢者」はすでに地上で生きているあいだに、ほかの人間が死後に体験する事柄について学びます。すなわち「賢者」は、自分自身がすべての事物と類縁関係にあるという思考（「それはおまえ自身である」という思考）にたどりつくのです。このような考えは、地上の生活においては、人間が思考を傾けるべき理想として存在していますが、「霊の国」においては、霊的な経験をとおしてますます明らかになるような直接的な事実なのです。

そして人間は「霊の国」において、自分自身の真の本質は霊の国に属しているということをいっそう意識するようになります。人間は自分自身を霊たちのなかの霊（すなわち根源的な霊たちの一員）としてとらえます。そして人間は自分自身のなかに、「私は根源の霊である」と告げる、根源の霊の言葉を感じ取ります（ヴェーダーンタの知恵においては、「私はブラフマンBrahmanである」と語られますが、それは、「すべての存在が生まれるみなもとである根源的な存在に、私は一つの構成要素として属している」という意味です）。

このように見ていくと、「霊の国」において人間は、地上の人生では影のような思考としてとらえられ、すべての知恵の目標として掲げられている事柄を直接体験することがわかります。このような思考は霊的な存在において一つの事実として存在しているからこそ、人間は地上で生きているあいだに、それについて考えることができるのです。このように人間は霊として存在するあいだに、地上で生活していたときに自分の周囲に存在していた状況や事実を高次の観点から、いわば外側から見るようになります。「霊の国」のもっとも下位にある第一の領域に滞在するとき、人間はこのようにして、物質的・肉体的な現実と直接結びついた地上的な状況と向きあって生活します。

人間は地上において、特定の家族や民族のなかに生まれ、特定の国で生活します。人間の地上的な存在は、これらの状況すべてによって決定されます。地上に受肉することによって生じる物質的な状況をとおして、人間は友人を見出します。さらに人間は何らかの仕事にたずさわります。このような事柄はすべて、人間の地上的な人生の状況を決定します。人間が「霊の国」の第一の領域で生活するときには、このような事柄はすべて、生きた思考存在として人間の前に姿を現します。人間はこのような事柄をすべて、特定の方法でふたたび体験します。ただし今回は、人間はこのような事柄を活動的な・霊的な側面から体験することになります。家族に向けられた愛情や、ほかの人間にもたらした友情は、その人間のなかで、内面から生き生きとしたものに変わり、このような点において、その人間の能力は高められます。人間の霊のなかで作用する家族愛や友情の力は強められ、のちにその人間はこのような点において、より完全な人間となって、ふたたび地上存在のなかに足を踏み入れることになります。

このような「霊の国」の一番下位の領域では、地上の人生の日常的な状況が果実となって成熟します。人間は二つの受肉状態にはさまれた霊的な生活を営むときに、きわめて長い期間にわたって、日常的な状況と密接に関わる要素をとおして、自分が第一の領域と深く結びついているのを感じ続けます。

私たちは、物質の世界でともに生活した人たちと、霊の世界でふたたび出会います。人間が死ぬと、人間の魂が物質体をとおして受け取った事柄がすべて魂から離れていくだけではなく、物質的な人生において魂と魂を結びつけていた絆も、物質的な世界のみにおいて意味と作用をもつような条件から解放されます。しかし物質的な人生のなかで、人間の魂がほかの人間の魂とのあいだに築いたあらゆる関係は、死を越えて、霊的な世界のなかへと引き継がれます。当然のことながら、私たちは物質的な状況を表現するために生み出された言葉をもちいて、霊的な世界で生じるこのような事象を正確に描写することはできません。しかしこの点をよく認識した上で、なお私たちが、「物質的な人生において緊密に結びついていた魂たちは、共同生活をふさわしい方法で続けるために、霊的な世界でふたたび出会うことになる」と述べるなら、それはまったく正しいということが許されるでしょう。

「霊の国」の第二の領域では、地上の世界のあらゆる生物に共通する生命が思考存在として、いわば「霊の国」の液体のような要素となって流れています。私たちが物質的に受肉しているときに世界を観察する際には、生命は個々の生命存在と結びついて姿を現しますが、「霊の国」では、生命は個々の生命存在から解放され、一種の生命の血液として「霊の国」全体を貫いて流れています。ここでは生命は、あらゆるもののなかに存在する、生きた統一体なのです。人間が地上で生活しているときには、「霊の国」の生命の似姿だけが姿を現します。このような「霊の国」の生命は、人間が世界全体、すなわち世界の統一と調和に対して示すあらゆる形の崇拝のなかに反映されています。人間の宗教的な生活には、「霊の国」の生命が映し出されています。人間は宗教的な生活をとおして、存在の包括的な意味は過ぎ去りゆくものや個々の存在のなかには直接的に存在していないことに気づきます。人間は過ぎ去りゆくものを、永遠なるものや生命の調和的な統一体の単なる「比喩」、または模写と見なします。人間は尊敬と崇拝の念を抱きながら、この生命の統一体のほうを見上げ、それに対して宗教的な祭儀を捧げるのです。

「霊の国」においては、似姿ではなく、生命の現実の形姿そのものが生きた思考存在として姿を現します。ここで人間は、かつて地上にいた頃に崇拝していた生命の統一体と、実際に一つになります。宗教的な生活の成果と、それと関わるすべての事柄が、この領域に現れます。このとき人間は霊的な経験に基づいて、一人ひとりの人間の運命は所属している共同体から切り離されてはならない、ということを認識します。全体に属する一つの要素として自己を認識する能力が、ここで育成されます。二つの受肉状態にはさまれた霊的な生活の大部分において、人間の宗教的な感情や、人生において純粋で高貴な道徳性に向けられたすべての要素が、第二の領域のなかから力を汲み取ります。そして人間は、このような方向に向けて能力を高めながら、ふたたび受肉することになるのです。

私たちは「霊の国」の第一の領域において、前回、物質的な人生を生きたときに物質の世界の深いきずなによって結びつけられていた人びとの魂と共同生活をします。そして私たちは「霊の国」の第二の領域において、物質的な人生を生きていた頃に、共同の崇拝や信仰告白などをとおして、より広い意味において自分が一体になっていると感じていた、あらゆる事柄の世界に入っていきます。ここでは、前の領域で体験した事柄はあとの領域に滞在するあいだも存続し続ける、ということを強調しておかなくてはなりません。第二の領域や、さらにそれ以降の領域に足を踏み入れてからも、人間は家族や友人などによって結びつけられたきずなから切り離されることはありません。

「霊の国」の諸領域は、「部門」のように分かれているわけではありません。「霊の国」の諸領域は相互に浸透しあっています。人間は、新しい領域に外から「足を踏み入れる」ことによってではなく、いままでとらえられなかった周囲の存在を知覚することを可能にする、新たな内面的な能力を自分のなかに受け取ることによって、新しい領域において自己を体験できるようになるのです。

「霊の国」の第三の領域は魂の世界の原像を含んでいます。魂の世界のなかで生きている存在はすべて、生きた思考存在として第三の領域に住んでいます。私たちはここに、欲望や願望や感情などの原像を見出します。しかしこの霊の世界では、魂的なものがエゴイスティックな性格を帯びることはありません。「霊の国」の第二の領域では、すべての生命が一体になっていましたが、この第三の領域では、あらゆる欲望と願望や、あらゆる快感と不快感が一つの統一体を形成しています。私たちは第三の領域では、ほかの人間の欲望や願望を、自分自身の欲望や願望と区別することはできません。ここでは、すべての存在の感覚や感情は一つの共同の世界を形成しています。物質の世界の大気圏が地球を取り巻いているのと同じように、この共同の世界はそのほかのすべてのものを包み込み、取り巻いていています。第三の領域はいわば「霊の国」の大気圏なのです。

ここでは人間が地上に生きていた頃、人類の共同の利益のための奉仕として、あるいはほかの人間に対する無私の献身的な行為として行った、すべての事柄が実りをもたらします。というのも人間は、地上に存在していた頃、このような奉仕や献身的な行為をとおして「霊の国」の第三の領域の似姿のなかで生きていたからです。今回の地上の人生において人類のために偉大な善なる行為を行う人や、献身的な性質を備えている人や、共同体のために大きな奉仕を行う人は、前回地上で生きていたあいだに「霊の国」の第三の領域と深く結びついたあとで、死んでからこの領域に滞在しながら、みずからの能力を育成した人びとなのです。

以上のような「霊の国」の下位の三つの領域は、「霊の国」よりも下位の世界、すなわち物質の世界や魂の世界と一定の関係にあることがわかります。なぜなら「霊の国」の三つの領域には、物質の世界と魂の世界において物質的・魂的に存在する原像、すなわち生きた思考存在が含まれているからです。第四の領域から、ようやく「純粋な霊の国」が始まります。しかし第四の領域も、言葉の完全な意味においては、まだ「純粋な霊の国」であるとはいえません。人間は「霊の国」の下位の三つの領域において、人間自身が働きかけなくても物質の世界や魂の世界のなかにすでに存在している、物質的な・魂的な状況の原像に出会いますが、この点に関して第四の領域は下位の三つの領域とは異なっています。日常生活の状況は、人間が地上の世界のなかに見出す事物や存在と結びついています。この地上の世界の過ぎ去りゆく事物に目を向けるうちに、人間はこれらの事物を生み出すもとになった、世界の永遠の根源に対して関心を抱くようになります。このとき人間は無私の感覚をとおしてさまざまな被造物をとらえますが、これらの被造物は「霊の国」の下位の三つの領域と結びついており、それらは人間自身が働きかけなくても、存在することができます。しかしそれ以外にも、この世界には、人間が芸術や学問や科学技術や国家などをとおして生み出した事柄が（つまり人間が自分自身の霊の独創的な作品として世界のなかに組み込んだあらゆる事柄が）存在しています。もし人間が関与しなかったら、このようなすべての事柄の物質的な似姿がこの世界のなかに存在することはないでしょう。私たちが第四の領域に見出すのは、純粋な意味において人間が創造するものの原像なのです。

地上の人生を生きるあいだに人間が発達させる、学問上の業績や、芸術的な理念と形態や、科学技術に関する思考が、この第四の領域において実りをもたらします。芸術家や学者や偉大な発明家は、ふたたび受肉するときに人類の文化の発展にいっそう貢献するために、「霊の国」に滞在するあいだに、この第四の領域から衝動を受け取り、この領域で才能を高めます。しかしここで私たちは、「霊の国」のこの第四の領域はとくに優秀な人間だけに意味がある、と考えるべきではありません。この領域はすべての人間にとって意味があります。物質的な人生のなかで、日常生活や願望や欲求のレベルを越えて人間が取り組む仕事のみなもとは、すべてこの領域に存在しています。もし死と新しい誕生のあいだの時期にこの領域を通過しないなら、人間は次の人生において、個人的な生活の狭い範囲を越えて普遍的な人間性をめざすことに、関心を抱かなくなるでしょう。

先に、この第四の領域は完全な意味において「純粋な霊の国」と呼ぶことはできない、と述べたのは、人間が地上を去ったときの文化の発展段階が、霊がこの領域に存在しているときの状態に影響を及ぼすからです。人間は、地上に存在していた頃に自分の才能や、自分が生まれた民族や国家などの発達の程度に従って達成した事柄の成果だけを「霊の国」で享受することができるのです。

「霊の国」のさらに高次の諸領域において、人間の霊はすべての地上的な束縛から解き放たれます。人間の霊は「純粋な霊の国」に上昇し、そこで、霊が地上の人生のために設定した意図や目標を体験します。地上の世界のなかですでに実現している事柄はすべて、程度の差はあっても、「純粋な霊の国」において霊が設定した最高の目標や意図をおぼろげに反映しているだけです。地上の世界には、水晶や木や動物や、人間が創造したあらゆる事柄が存在していますが、これらはすべて、「純粋な霊の国」において霊が意図しているものを、似姿として映し出しているにすぎません。地上に受肉しているときには、人間は霊の完全な意図や目標の不完全な似姿と出会うことしかできません。そのため人間自身も、地上に受肉しているときには、霊の領域においてその人間のために意図されているものの似姿になることしかできないのです。二つの受肉状態にはさまれた時期において、人間の霊が「霊の国」の第五の領域に上昇していくときに、「霊の国」に属する霊としての人間は本当はどのような存在なのか、ということがようやく明らかになります。第五の領域における人間が、本当のその人間自身なのです。このような本当の人間自身は、さまざまな受肉状態において表面的な覆いを身にまといます。「霊の国」の第五の領域において、人間の真の自己はあらゆる方向に向かって自由に発達していきます。このような自己は、受肉するたびに人間の地上的な自我となって、たえず新たに姿を現します。このとき、自己は「霊の国」の下位の諸領域で育成した能力を、たずさえています。そのことによって、自己は過去のさまざまな地上の人生の成果を、新しい地上の人生に伝えます。自己は、人間が過去に体験したさまざまな受肉状態の成果を担っているのです。

したがって「霊の国」の第五の領域に滞在するとき、自己は意図と目標の領域で生きることになります。たとえば設計図のなかに不完全な要素が含まれていることに気づくと、建築家はそこからさまざまな事柄を学び取り、不完全な要素のうち完全なものに変えることができた部分だけを新しい設計図のなかに取り入れます。それと同じように、自己は第五の領域において過去の人生の成果のうち、下位の諸世界の不完全さと結びついている部分は捨て去り、いま自己が生活している「霊の国」の意図を過去の人生の成果と結びつけ、結実させます。

自己が第五の領域から受け取る力は、人間が地上に受肉しているあいだに自己は意図の領域に受け入れられるのにふさわしいような成果をどれだけ獲得したか、ということによって影響を受けます。地上に存在しているあいだに活発な思考の営みや、賢明で愛にあふれる活動をとおして、霊の意図を実現しようと努めた人間の自己は、第五の領域の力をたっぷりと受け取ります。これに対して日常生活のなかに完全に埋没し、過ぎ去りゆくもののなかでのみ生きた人間の自己は、永遠の世界秩序の意図のなかで重要な役割をはたすような種を播かなかったことになります。人間が地上において、日常的な関心を越えて成し遂げたわずかな事柄の成果だけが、「霊の国」の高次の諸領域で発達するのです。ただし、ここで筆者が「地上の名声」をもたらすような仕事をするようにすすめている、とは考えないで下さい。ここではけっして、そのようなことを述べたいわけではないのです。ここで意味をもつのは、人生の小さな範囲内において、一つひとつの事柄はすべて存在の永遠の生成のプロセスのなかで意味をもっている、ということを私たちに意識させてくれるような仕事なのです。私たちは、第五の領域において人間は地上で生きているときとは異なった価値観をもつ、という考え方に慣れなくてはなりません。たとえば地上で生きているあいだに第五の領域と結びついているものをわずかしか獲得しなかった人間は、死後、第五の領域に滞在するあいだに、次の地上の人生を正しく展開させるために必要な霊的衝動を自分のなかに植えつけたいという願望を抱きます。この衝動をとおして、次の地上の人生の運命（カルマ）のなかに、その人間に欠けているものの影響が適切な形で現れます。

「霊の国」の第五の領域に滞在するときに、人間は、次の地上の人生において地上的な人生の観点から見ると苦しみに満ちた運命のように思われる出来事を（地上で生きている人間は、自分は苦しみに満ちた運命に陥ったと考えて、深く嘆き悲しむかもしれませんが）自分にとって絶対に必要なものと考えるのです。

「霊の国」の第五の領域において、人間は真の自己のなかで生きます。そのため人間は、地上に受肉しているときに自分を包み込んでいた、「霊の国」の下位の諸領域のすべての要素から離れて、上昇することになります。人間は第五の領域において、いくつもの受肉状態を貫いて、過去においてつねに存在し、未来においてもつねに存在し続けるような、本当の自分自身になります。人間は、地上での受肉状態を支配する意図の作用を受けます。人間は、このような意図を真の自己のなかに組み込みます。人間は自分自身の過去を振り返り、過去のすべての体験が、自分が未来において実現しなくてはならない意図のなかに吸収されていくのを感じます。過去のさまざまな人生の歩みについてのある種の記憶と、未来の人生の歩みに対する予言的なまなざしが光を放ちます。

ここで、本書で「霊我」と呼んできた人間の構成要素はその発達の程度にふさわしい形で第五の領域に滞在する、ということが明らかとなります。このとき霊我は、新しい受肉状態において霊的な意図を地上の現実のなかで実行に移すことができるように育成され、準備されるのです。

「霊の国」のさまざまな領域に滞在し、まったく自由に「霊の国」で活動することができる段階まで成長すると、「霊我」は真の故郷をそれまで以上に「霊の国」のなかに探し求めるようになります。

地上の人間が物質的な現実に慣れ親しむように、霊我は「霊の国」に滞在することに親しみを感じます。ここから先は霊の世界の価値観が決定的な意味をもつようになり、霊我はこのような価値観を意識的に、あるいは無意識的に、その後の地上での人生を生きるために身につけます。それからはずっと、霊の世界の価値観が霊我にとっての標準的な価値観となります。自己は、自分自身を神的な世界秩序を構成する一つの要素として感じるようになります。地上の人生の限界や法則が、自己のもっとも奥深い本質に影響を及ぼすことはありません。自己があらゆる事柄を成し遂げるのに必要な力が、霊の世界から自己のほうにやってきます。霊の世界は一つの統一体です。霊の世界で生活する人間は、永遠性が過去を生み出したことを知り、永遠性をよりどころとして未来への方向を決定します。過去を見つめる人間のまなざしは拡大し、完全なものになります。この段階まで到達した人間は、次に受肉するときにはたすべき目標を自分自身のために設定します。人間は「霊の国」に滞在するあいだに、自分自身の未来が真理や霊的なものと調和しながら展開するように働きかけます。二つの受肉状態にはさまれた状態を過ごすとき、人間の前には、あらゆる崇高な存在たちがいます。この存在たちのまなざしの前には、神的な知恵が隠されることなく、広がっています。いま人間は神的な知恵を理解することができる段階まで登りつめたのです。

「霊の国」の第六の領域では、人間はあらゆる行為をとおして世界の真の本質にもっともふさわしいことを成し遂げます。というのも、このとき人間は、自分にとって役に立つことではなく、世界秩序の正しい展開に従って起こるべき事柄だけを探求するからです。

「霊の国」の第七の領域は、「三つの世界（物質の世界・魂の世界・霊の国）」と、「三つの世界」よりも高次の諸世界の境界につながっています。人間はここで「生命の核」と出会います。生命の核はその使命をはたすために、より高い諸世界から、これまで見てきた三つの世界のなかに移されるのです。三つの世界と高次の諸世界の境界に到達するとき、人間は自己の生命の核のなかに自分自身を認識します。そのため人間は自分自身のために、三つの世界の謎を解かなくてはならなくなります。人間は三つの世界の生命全体を概観します。

　人間の魂はさまざまな能力をとおして、霊の世界において、これまで述べてきたような体験をします。通常の場合、人間が地上の人生において、このような魂の能力を意識することはありません。魂の能力が無意識的な深みから体の器官に働きかけることによって、体の器官は物質の世界の意識を生じさせます。だからこそ、私たちは魂の能力をこの地上の世界では知覚することができないのです。目がそれ自身を見ることができないのは、そのほかの事物を見ることを可能にする力が目のなかで働いているからです。

　誕生と死のあいだに展開する人間の人生はどこまで過去の地上での人生の結果と見なすことができるのか、という点について判断を下すためには、私たちは、地上の人生の価値観は（もちろん私たちは地上で生きる限りは、ある程度までこのような地上的な価値観を受け入れなくてはならないのですが）判断するためのよりどころにはならない、ということを考慮に入れなくてはなりません。地上的な観点から見ると、地上の人生は苦しみに満ちあふれ、不完全なもののように思われるかもしれません。しかしこの地上の人生の外に存在する霊的な価値観をもとに判断すると、苦しみや不完全さを伴う地上の人生は、まさにこのように形成されているという点において、過去の人生の結果であることがわかるのです。

本書の最後で筆者が述べているような方法で「認識の小道」に足を踏み入れると、人間の魂は地上の人生の諸条件から解放されます。そのことによって人間の魂はイメージをもとにして、魂が死と新しい誕生のあいだに体験する事柄を知覚するようになります。このように知覚することをとおして、私たちは、これまで述べてきたような「霊の国」の事象の概略について記述することができるようになります。物質体のなかにいるときと、純粋に霊的な体験をしているときでは、魂の状態全体は異なっている、ということをいつも念頭に置くように努めるときにだけ、私たちは正しい光のもとで、筆者がここで述べているような事柄をとらえることができるのです。

5　物質の世界、およびこの物質の世界と魂の世界・霊の国との関係について

私たちは、魂の世界と霊の国の形成物を、外界に向けた感覚をとおして知覚することはできません。私たちはこれまで見てきた二つの世界に、感覚的に知覚することができる事物が属する領域を、第三の世界としてつけ加える必要があります。地上に受肉しているとき、人間は同時に三つの世界のなか

で生活します。人間は感覚的な世界の事物を知覚し、それに働きかけます。魂の世界の形成物は、共感と反感の力をとおして人間に作用を及ぼします。また人間自身の魂は愛着や嫌悪、あるいは欲望や願望をとおして魂の世界に波動を引き起こします。事物の霊的な本質は人間の思考の世界のなかに映し出されます。人間は思考する霊存在としては、それ自身霊の国の住人であり、世界の霊的な領域で生活するあらゆる存在たちの仲間です。

以上のことから、感覚的な世界は人間を取り巻いている世界のほんの一部分である、ということが明らかになります。感覚的な世界は、ある種の自立性を保ちながら、人間を取り巻く普遍的な世界から際立っています。というのも、私たちは感覚的な世界を知覚する際にもちいる感覚をとおしてこの普遍的な世界に属している、魂的なものや霊的なものをとらえることはないからです。水の上に浮かんでいる氷の固まりは、その周囲に存在する水と同じ素材からできていますが、氷独自の性質によって水とははっきりとした対照を示しています。それと同じように感覚的な事物は、周囲に存在する魂や霊の世界と同じ素材から成り立っているにもかかわらず、それを感覚的に知覚可能なものにする特性をとおして、魂と霊の世界から際立っています。感覚的な事物とは（いくらか比喩的に表現するならば）濃密化した霊と魂の形成物です。このような濃密化が生じたために、人間の感覚は感覚的な事物をとらえることができるのです。つまり氷が水を含む一つの形態であるのと同じように、感覚的な事物は、そのなかに魂的・霊的な本質が存在している、一つの形態なのです。このことを理解すると、私たちは、「水が氷になるのと同じように、霊の世界は魂の世界に変化し、魂の世界は感覚の世界に変化することが可能である」という事実をとらえることができるようになります。

またこのような観点に立つことによって、人間はなぜ感覚的な事物について思考することができるのか、ということも明らかになります。私たちは皆、思考するときに、人間が石に関して抱く思考は石そのものとどのような関係にあるのか、という疑問を抱きます。人間の外にある自然を深く洞察する人びとの霊的なまなざしの前に、このような疑問が姿を現します。そしてこのような人びとは、人間の思考の世界は自然の構造や秩序と調和している、ということを感じ取ります。たとえば偉大な天文学者ケプラー(8)は、このような調和について美しい言葉で次のように表現しています。

「人間に天文学を学ぶように命令する神の呼び声が世界そのもののなかに書き記されている、というのは真実です。もちろん言葉や音節をもちいてそのような言葉が書かれているわけではありませんが、事実をとおして、つまり人間の概念や感覚がさまざまな天体や宇宙的な現象の関係を説き明かすのにふさわしい性質を備えているということそのものによって、それは真実なのです(9)」

感覚的な世界の事物が濃密化した霊的本質であるからこそ、人間は自分自身の思考をとおしてこのような霊的本質のところまで上昇し、思考のなかで事物を理解することができるのです。感覚的な事物は霊の世界から生じます。感覚的な事物とは霊的な本質が別の形態を取ったものにすぎないのです。そして事物について思考するときには、人間は内面において感覚的な形態から離れて、しばらくのあいだ、これらの事物の霊的な原像のほうに向かいます。ある固体を液体の形態にして調べようとする場合には、化学者はまずその固体を火にかけて溶かしますが、人間が思考をとおしてある事物を理解するということは、まさにこのようなプロセスにたとえることができます。

霊の国のさまざまな領域には、感覚的な世界の霊的な原像が姿を現します（一二三ページ以下参照）。上位の第五・第六・第七の領域では、これらの原像は萌芽として存在し、下位の四つの領域では、原像は霊的な形姿に形成されます。人間の霊は、思考をとおして感覚的な事物を理解しようとするとき、これらの霊的な形姿を影のような似姿として知覚します。そして物質の世界を霊的に理解しようとするとき、人間は、霊的な形姿はどのようにして感覚的な世界へと濃密化したのか、と問いかけます。

感覚的に観察してみると、人間を取り巻く世界は異なった四つの領域、すなわち鉱物的領域・植物的領域・動物的領域・人間的領域によって構成されていることがわかります。人間は鉱物の領域を感覚によって知覚し、思考をとおして概念的にとらえます。鉱物的な物体について思考するとき、私たちは「感覚的な事物」と「思考」という、二とおりの事柄と関わりあいます。この点に関して私たちは、感覚的な事物は濃密化した思考である、と考えなくてはなりません。鉱物的な存在は外界をとおして、別の鉱物的な存在に作用します。たとえば鉱物的な存在は、別の鉱物的な存在に突き当たると、それを動かします。あるいはこの鉱物的な存在は別の鉱物的な存在を暖めたり、照らし出したり、溶解させたりします。私たちは外界に現れる鉱物的な存在の作用のしかたについて、思考に基づいて言葉でいい表すことができます。私たちは、鉱物的な事物は外界の法則に従いながらどのようにして作用しあうか、ということについて思考を形成します。このようにして私たちの個々の思考は、鉱物界全体の思考イメージへと拡大していきます。この思考イメージは感覚的にとらえることができる鉱物界全体の原像を映し出しています。私たちはそれを一つの全体像として霊的な世界に見出すことができるのです。

植物の領域においては、ある事物が外界をとおして別の事物に及ぼす作用に、成長と生殖の現象が加わります。植物は成長し、生殖をとおして自分と似た存在を生み出します。植物界では、鉱物界に見出される事象に生命が加わります。このような事実に関して単純に考えてみるだけで、私たちはこの事柄に光を投げかけてくれるような観点に到達できます。植物のなかには、植物自身の生きた形姿を形成したり、同じような形姿をもった別の植物を新たに生み出したりする力が作用しています。

ガスや液体のような、明確な形姿をもたない鉱物的な実体と植物の生きた形姿の中間に、結晶の形態が存在しています。すなわち結晶のなかには、形姿をもたない鉱物界が植物界の生きた形成力に変化するプロセスが見出されるのです。

外界に現れる、このような感覚的な形成の過程のなかに（つまり鉱物界と植物界という二つの領域のなかに）私たちは、純粋な霊的な事象が感覚的な世界のなかで濃密化していくプロセスを見出します。このような霊的な事象は、霊の国の上位の三つの領域に属する霊的な萌芽が下位の領域の霊的な形姿へと形成されるときに生じます。感覚的な世界で結晶が形成されるプロセスには、その原像として、霊的な世界において形態をもたない霊的な萌芽が形成された形姿へと変化するプロセスが結びついています。このような変化のプロセスは、人間が感覚をとおしてその結果を知覚することができるまで濃密化するときに、感覚的な世界において鉱物的な結晶化のプロセスとして姿を現すのです。

植物の生活においても、形成された霊的な萌芽は存在しています。ただし植物の場合には、形成された存在は生きた形成能力をずっと保持し続けます。結晶が形成されるときには、霊的な萌芽はそのまま形成能力を失ってしまいます。この場合、霊的な萌芽は結晶の完成された形態のなかに姿を現します。しかし植物は形姿だけではなく、形成能力も備えています。植物は、霊の国の上位の諸領域に属する霊的な萌芽の特性をずっと保ち続けます。そのため植物は結晶のように形姿をもつだけではなく、形成力も保持することになるのです。根源的な存在たちが作り上げた植物の形姿の形態のほかに、霊の国の上位の領域に属する霊的存在たちの影響を受ける、別の形態が植物の形姿に働きかけます。ただし私たちが感覚的に知覚することができるのは、完成された植物の形姿となって姿を現すものだけです。植物界には、このような完成された形姿に生命を与える、形成力をもった存在が感覚的には知覚できない状態で存在しています。たとえば私たちの感覚的な目が、今日の小さなユリをとらえるとします。しばらくたってから、私たちの感覚的な目はさらに大きく成長したユリをとらえます。私たちの感覚的な目は、最初のユリをあとのユリへと成長させる形成力をとらえることはできません。このような形成力をもった存在は、植物界において感覚的な目には見えない状態で活動しています。霊的な萌芽は、形成力と関わる領域で活動するために一段下に降りたのです。霊学では、エレメンタル（元素）界 Elementarreich について語られています。形姿をもたない根源的な形態は第一のエレメンタル界と呼ばれています。また植物の成長に関わる建築主任として活動する、感覚的な目にはとらえられない力を備えた存在は第二のエレメンタル界に属しています。

動物界では、成長と生殖の力に、さらに感覚と衝動が加わります。感覚と衝動は魂の世界の現れです。感覚や衝動を備えている存在は、魂の世界に属しており、魂の世界から印象を受け取ったり、魂の世界に作用を及ぼしたりします。動物存在のなかに生じるあらゆる感覚や衝動は、動物の魂的な基盤のなかから生じます。動物の形姿は、感覚や衝動よりもはるかに長く持続します。ですから私たちは、動物が営む感覚の生活と、持続する動物の生きた形姿の関係を、変化する植物の形姿と、固定した結晶の形態の関係に対応させることができます。植物は形姿を形成する力のなかに深く入り込んでいます。植物は生きているときには、自分自身のなかにたえず新しい形姿を生じさせます。植物はまず最初に根を伸ばし、次に葉の形成物を生み出し、それから花を咲かせます。これに対して動物は、それ自体完成された形姿を保持し、この形姿の内部で、さまざまに変化する感覚や衝動を発達させます。動物は感覚や衝動と結びついた生活を魂の世界のなかで営みます。植物は成長し、生殖活動を営む存在であり、動物は感じたり、衝動を発達させたりする存在です。動物の衝動は定まった形態をもたず、たえず新しい形態を取りながら発達していきます。本来は、動物の衝動と関わる原像は霊の国の最高の諸領域で生じますが、衝動そのものは魂の世界において活動します。このようにして動物界では、感覚的な目ではとらえられない、成長と生殖を導く力の存在たちのほかに、さらに一段深く魂の世界に降りた別の存在たちが存在しています。動物領域においては、感覚と衝動を生み出す建築主任として、魂的な覆いに包まれた、形態をもたない存在たちがいます。この存在たちは、本当の意味における動物の形態の建築家なのです。霊学では、この存在たちが属している領域は第三のエレメンタル界と呼ばれています。

人間は、植物や動物に見られるような能力のほかに、感覚を表象と思考に作り変え、思考をとおして衝動を支配する能力も備えています。植物の場合には形姿となって、動物の場合には魂の力となって現れる思考は、人間においては思考それ自体として、思考本来の形態を取って姿を現します。動物の本質は魂であり、人間の本質は霊です。人間において、霊的な本質はさらに一段深いところまで降りたのです。動物の場合には、霊的な本質は魂を形成するという仕事にたずさわります。人間においては、霊的な本質は感覚的な物質の世界そのもののなかに入り込んできます。霊は人間の感覚的な物質体のなかに存在しています。このとき霊は物質体という感覚的な衣服をまとって現れるため、思考が霊的本質に関して作り上げるものの影のような似姿となって姿を現します。霊は、物質的な有機体としての脳と関わるさまざまな制約を受けながら人間のなかに姿を現すのです。

しかしその一方で、霊は人間の内面的な本質でもあります。本来形態をもたない霊的な本質は植物の場合には形姿となって、動物の場合には魂となって姿を現し、人間のなかでは思考という形態を取ります。そのため思考する存在であるという点においては、人間を形成するエレメンタル界は人間自身の外にはありません。人間のエレメンタル界は人間の感覚的な体の内部で活動します。人間は形姿と感覚を備えた存在である、という点において、植物や動物に働きかけるのと同じエレメンタル界の諸存在が人間に作用します。人間において、思考に関わる組織としての脳は完全に物質体の内部から作り出されます。私たちは人間の霊的な組織である脳（完全な脳へと形成された神経システム）を観察することによって、植物や動物の場合には感覚的にとらえることができない力の本質として働きかけている要素を、感覚的な目をとおして実際に見ることができます。だからこそ動物が自己感情だけを備えているのに対して、人間は自己意識をもつことができるのです。動物の場合には、霊は自分自身を魂として感じます。霊は自分自身をまだ霊そのものとしてとらえることはできません。しかし人間においては（たとえそれが物質的な制約によって、霊の影のような似姿である思考としてのみとらえられるとしても）霊は自分自身を霊として認識します。

このような観点に従って、私たちは、以下のように分類することができます。

1 形姿をもたない原像の本質の領域（第一のエレメンタル界）
2 形姿を生み出す本質の領域（第二のエレメンタル界）
3 魂的な本質の領域（第三のエレメンタル界）
4 生み出された形姿の領域（結晶の形姿）
5 形姿を感覚的に知覚することが可能で、形姿を生み出す存在が働きかける領域（植物領域）
6 形姿を感覚的に知覚することが可能で、形姿を生み出し、魂的に姿を現す存在が働きかける領域（動物領域）

7　形姿を感覚的に知覚することが可能で、形姿を生み出し、魂的に姿を現す存在が働きかけ、霊そのものが思考という形態を取って感覚世界の内部で形成される領域（人間領域）

　このように見ていくと、地上に受肉している人間の基本的な構成要素は霊的な世界とどのような関わりをもっているか、ということが明らかとなります。私たちは、物質体や、エーテル体や、感覚魂と一体になった魂体や、悟性魂を、感覚的な世界の内部において濃密化した霊の国の原像と見なさなくてはなりません。物質体は、人間の原像が濃密化し、感覚的に知覚できる現象となって現れることによって生じます。ですから私たちはこのような物質体を、感覚的に観察できるレベルまで濃密化した第一の元素領域の存在と呼ぶこともできます。また、感覚的な領域まで作用を及ぼしながらそれ自体は感覚的な目でとらえることができない存在が、物質体と同じ根源のなかから生み出された形姿を、流動的な状態に保ち続けることによって、エーテル体が生じます。エーテル体を生じさせるこのような存在について正確に描写しようとするならば、私たちは、「この存在は第一の根源を霊の国の最高の諸領域にもち、霊の国の第二の領域において生命の原像へと形成される」といわなくてはなりません。この存在は生命の原像として、感覚的な世界のなかで活動します。同様に、感覚魂と一体になった魂体を作り上げる存在は、その根源を霊の国の最高の諸領域にもち、霊の国の第三の領域において魂の世界の原像へと形成されてから、魂の世界の原像として感覚的な世界で活動します。また、思考する人間の原像が霊の国の第四の領域において思考へと形成され、このような思考として直接、思考する人間の本質となって感覚的な世界で作用することによって、悟性魂が生み出されます。
このようにして人間は感覚的な世界のなかに存在しています。霊は人間の物質体と、エーテル体と、感覚の作用を備えた魂体に働きかけ、悟性魂のなかにその姿を現すのです。

原像は、物質体・エーテル体・魂体という人間の下位の三つの構成要素に外から働きかけます。一方、人間自身は悟性魂において、自分自身に（意識的に）働きかけます。

人間の物質体に働きかけるのは、鉱物的な自然を形成しているのと同じ存在たちです。また植物界で生活しているのと同じ存在たちが人間のエーテル体に働きかけ、動物界で生活しているのと同じ存在たちが、感覚魂と一体になった人間の魂体に働きかけます。また、これらの存在たちは感覚的には知覚できない方法で植物界と動物界で生活しながら、その作用を植物と動物の領域に及ぼしています。

さまざまな世界はこのように作用しあっています。人間が生きている世界は、このような共同の作用の現れなのです。

＊　＊

このようにして感覚的な世界を理解すると、私たちは、自然の四つの領域（鉱物界・植物界・動物界・人間界）に属している存在たちとは別の種類の存在たちのことも理解できるようになります。このような存在たちの例としては、民族霊 Volksgeist（国民霊）がいます。民族霊は感覚的に直接姿を現すことはありません。民族霊の作用は、ある民族に共通していると見なされる感覚や感情や好みなどのなかに現れます。民族霊は感覚的には受肉することのない存在です。人間は感覚的に観察できる体を形成しますが、民族霊は魂的な体を魂の世界の実体から作り上げます。民族霊の魂体は雲のようなものであり、そのなかで民族を構成する人びとが生活します。その作用は人びとの魂のなかに現れますが、民族霊の魂体がこれらの人びとの魂から生じるわけではありません。このようにイメージしない限り、民族霊は本質と生命を欠いた影のような思考や、空疎な抽象概念の域を出ることはありません。

　私たちはいわゆる時代霊 Zeitgeist についても、同じような事柄を述べることができます。そうなのです、このようにして私たちの霊的なまなざしは、そのほかのさまざまな低次の、あるいは高次の存在たちのほうへと広がっていくのです。この存在たちは人間を取り巻く世界のなかで生活していますが、人間がこの存在たちを感覚的に知覚することはできません。しかし霊的に直観する能力を備えている人は、このような存在たちを知覚したり、言葉で表現したりすることができます。比較的低次の種類のグループには、霊の世界を知覚する人がサラマンダー Salamander（火の精霊）・シルフ Sylph（風の精霊）・ウンディーネ Undine（水の精霊）・ノーム Gnom（地の精霊）と呼んでいる存在たちがすべて属しています。いうまでもないことですが、このような記述が、その基盤となっている現実をありのままに写し取っているとは考えないで下さい。もしこのような記述が本当に現実を写し取っているのだとしたら、ここでは霊的な世界ではなく、粗雑で感覚的な世界が表現されていることになります。筆者は霊的な現実をわかりやすく描写するために、このように記述しているのです。霊的な現実は、このような比喩という表現方法をとおしてしか説明することはできません。感覚的に目でとらえることができるものだけを認めようとする人が、これらの存在たちを粗雑な空想や迷信の産物と見なすとしても、不思議はありません。もちろん私たちは、これらの存在たちを感覚的な目をとおしてとらえることはできません。なぜならこれらの存在たちは、感覚的な物質体を備えていないからです。これらの存在たちは実在する、と考えることが迷信なのではなく、これらの存在たちは感覚的な方法で姿を現す、と信じることこそが迷信なのです。

このような形態を備えた存在たちは、世界を形成するという仕事に協力しています。そして物質体の感覚によってとらえることができない、世界の高次の諸領域に足を踏み入れるとすぐに、私たちはこの存在たちと出会うことになります。このような説明は霊的な現実のイメージを表現している、と考える人が迷信的であるとはいえません。むしろ、「霊的な現実のイメージは感覚的な形で存在している」と信じる人や、「感覚的なイメージはいっさい拒否しなくてはならない」と考えるあまり、結局は霊そのものを拒絶することになる人こそが迷信的なのです。

また私たちは、魂の世界まで降りることなく霊の国の形成物のみを覆いのように身にまとっている存在たちについても述べることができます。霊的な目と霊的な耳をこの存在たちに向かって開くとき、人間はこの存在たちを知覚し、この存在たちの仲間になります。

このようにして霊的な目と霊的な耳が開かれることによって、私たちは、それまでまったく理解できないまま眺めるしかなかった、多くの事柄をとらえることができるようになります。私たちの周囲は明るくなります。私たちは、感覚的な世界のなかに結果となって現れる事柄の原因をとらえます。

霊的な目が開かれていなかった頃には、やみくもに否定したり、「学校で学んだ知識をとおして、人間は世界についての夢を見ている。実際には、天上と地上にはもっと多くのものが存在している」(10]と考えたりするだけで満足しなくてはならなかった事柄を、私たちは理解するようになります。感覚的な世界とは異なった世界を自分の周囲に感じ取ったり、予感したりしながら、目に見える事物に取り巻かれた目の見えない人のように、このもう一つの世界のなかを手探りで進み始めるとき、繊細な（霊的な）感覚を備えた人間は不安を覚えます。しかしこのとき、存在の高次の領域について正しく認識し、十分に理解を深めながら高次の領域のなかで生じる事象のなかにわけ入っていくことによって、人間は実際に強められ、真の使命へと導かれます。物質体の感覚に対して隠されている事象について知ることによって、人間は自己の存在を拡大します。そしてそのとき人間は、自己の存在を拡大する以前の人生において、自分が「世界についての夢」を見ていたかのような感覚を覚えるのです。

6　思考の形態と人間のオーラについて

すでに述べたように、三つの世界（物質の世界・魂の世界・霊の国）のいずれかに属する形成物は、人間がそれを知覚するのに必要な能力や器官を獲得したときにだけ、現実のものになります。健全に形成された目をもつことによってのみ、人間は空間のなかに生じる特定の事象を光の現象として知覚します。現実に存在しているもののうち、どれだけのものがある存在の前に姿を現すか、ということは、この存在がもっている感覚能力によって決まります。人間が、自分が知覚できるものだけが現実である、ということは許されません。実際には、人間がそれを知覚するための器官をもっていない、多くの事柄が存在している可能性があるのです。

魂の世界と霊の国は、感覚的な世界と同じくらい現実的です。いやそれどころか、この二つの世界は感覚的な世界よりも、はるかに高次の意味において現実的なのです。確かに人間は、感覚的な目をとおして感情や表象などをとらえることはできません。しかしそれでも、感情や表象は現実に存在しています。人間は、外界に向けられた感覚をもちいて物質的な世界を知覚し、霊的な器官をとおして感情や衝動や本能や思考などを知覚します。たとえば人間は、感覚的な目をとおして空間的な事象を色彩現象としてとらえます。霊的な器官にとって感覚的な色彩現象に相当するのは感情や思考などの魂的・霊的な事象であり、人間はそれを内的な感覚をとおして知覚します。もちろん筆者がここで述べている事柄を完全に理解できるのは、次の章で記述される認識の小道を歩むことによって、内的な感覚を発達させた人だけです。このような人は、周囲を取り巻く魂の世界には魂的な事象を、霊の領域には霊的な事象を、超感覚的に霊視できるようになります。このような人がほかの存在の感情を体験するときには、感情はその感情を抱いている存在から光の現象のように放射されます。またその人が思考に注意を向けると、思考は霊的な空間のなかを流れていることがわかります。このような人にとっては、人間がほかの人間に関して作り上げる思考はけっして知覚できないものではありません。

それは知覚可能な事象なのです。確かに思考の内容そのものは、思考している当人の魂のなかだけに存在していますが、この思考の内容をとおして、同時に霊の世界のなかに作用が生み出されます。このような作用は、私たちが霊的な目をとおして知覚することができる事象なのです。思考がある人間存在から流れ出し、別の人間存在へと流れていく、ということは、確かな現実です。人間は思考が別の思考に作用する様子を、霊の世界で知覚することができる事象として体験します。霊的な目が開かれた人にとっては、物質的な知覚をとおしてとらえる人間の姿は、人間全体の一部分です。この物質的な人間とは、魂的・霊的な流れが発する中心点なのです。ここでは、このようにして「霊視者」の前に開かれる、豊かで多様な世界の概略について、解説することにします。

通常の場合において、ある人間の思考をとらえようとするときには、私たちは、まず相手が語る言葉に耳を傾けた上で、私たち自身の思考をとおして相手の考えを理解します。しかし霊視者にとっては、人間の思考は、たとえば霊的に知覚することができる色彩現象となって現れます。この色彩は思考の性格と結びついています。人間の感覚的な衝動から生じる思考は、純粋な認識や気高い美や永遠の善に仕えるために形成された思考とは、色調が異なっています。感覚的な生活から生じる思考は、赤い色彩のニュアンスで魂の世界を貫きます[*原註2]。思考する人間を高次の認識へと上昇させるような思考は、きれいな明るい黄色で現れます。すすんでみずからを捧げるような愛から生まれる思考は、壮麗な薔薇のような赤色で輝きます。このような思考の内容だけではなく、思考がどの程度明晰かということも、超感覚的な現象の形態のなかに姿を現します。たとえば正確な思考ははっきりとした輪郭をもった形成物として、混乱した表象は、輪郭のはっきりしない雲のような形成物として現れます。

このようにして人間の魂と霊の本質は、人間の本質全体のなかの超感覚的な部分として姿を現します。

霊視者が人間の魂的・霊的な活動を知覚すると、色彩の作用は人間の物質体の周囲に光を放ち、人間を雲のように（ほぼ卵のような形で）包み込んでいることがわかります。このような「霊的な目」によって知覚することができる色彩の作用が、人間のオーラAuraです。このオーラの大きさは人間ごとに異なっていますが、平均的に見て、オーラとなって現れる人間の全体像は物質的な人間よりも縦に二倍長く横に四倍大きい、とイメージすることができます。

オーラのなかには、さまざまな色調が流れています。この流れのなかで、人間の内面的な営みが忠実に写し出されます。人間の内面的な営みが変化するとともに、個々の色調も移り変わっていきます。ただし才能や性癖や性格のような持続的な特性が色彩として現れる場合には、基本的な色調が変化しないこともあります。

本書の次の章で述べる「認識の小道」をまだ体験していない人は、ここで「オーラ」として述べられている事柄の本質について誤解してしまう可能性があります。このような人は、「ここで『色彩』として表現されている事象が物質的な色彩が目の前に現れるのと同じように、魂の前に現れる」とイメージするかもしれません。しかし、もしこのような物質的な色彩と同じように「魂の色」が現れるとしたら、それは幻覚以外の何ものでもありません。霊学では「幻覚としての」印象が考察の対象となることはありません。ここで述べているような事柄に関して筆者がお伝えしたいのは、このような幻覚としての印象ではありません。この本をお読みになる方は、以下の点をはっきりと意識しておくと、「オーラ」について正しくイメージできるはずです。人間の魂は物質的な色彩と出会うときに、感覚的な印象だけを体験するわけではありません。魂は物質的な色彩をもとにして、魂的な体験をします。魂が目をとおして、黄色の平面を知覚するときの体験と、青色の平面を知覚するときの体験は、魂的な意味において異なっています。このような体験を「黄色のなかで生きる」、あるいは「青色のなかで生きる」と呼ぶことにしましょう。それと同じように、認識の小道に足を踏み入れた魂は、自分以外の存在の活発な魂の体験と出会うときには「黄色のなかで生きる体験」を、献身的な魂の気分と向きあうときには「青のなかで生きる体験」をします。この場合重要なのは、『霊視者』は自分以外の人間の魂を思い浮かべるときに、物質的な世界で『青』を見る場合と同じようにじかに『青』という色彩をとらえるわけではなく、物質的な人間がカーテンを『青い』と呼ぶ場合と同じような正しい根拠に基づいて、『青い』と形容できるようなイメージを体験する」という点です。そしてさらに重要なのは、「『霊視者』はこのような体験をとおして物質体から自由になる経験をするので、人間の物質体をとおして知覚することができない世界における魂の生活の価値と意味について語ることができるようになる」という事実なのです。以上述べたような事柄の意味を十分に理解した上で、「オーラ」のなかに現れる「青色」や「黄色」や「緑色」などの色彩について語るのは、「霊視者」にとって、けっして不自然なことではないのです。

オーラは人間の気質や、心的な素質の違いや、さらには霊的な発達の程度に従って、さまざまに異なっています。動物的な衝動に完全に身をゆだねている人間は、おもに思考のなかで生きている人間とは、まったく異なったオーラをもっています。宗教的な気分に満たされた本性を備えた人間のオーラは、日常生活のささいな体験のなかに埋没している人間のオーラとは、本質的に異なっています。また、変化するあらゆる気分や、すべての好みや、喜びと苦しみもオーラのイメージのなかに現れます。

オーラの色調の意味を理解するためには、私たちは、人間がさまざまな魂的な体験をするときに現れるオーラを比較してみる必要があります。まず最初に、はっきりとした強い情動によって貫かれた魂の体験を例に挙げてみることにしましょう。このような魂の体験は、二つの異なった種類に分類できます。その第一は、魂がとくに動物的な本性によって激しい感情に駆り立てられている場合、第二は、思考によって大きな影響を受けている強い感情が、繊細な形態を取って現れる場合です。第一の種類の魂の体験においては、とくに茶色と、赤みを帯びた黄色の色彩が、あらゆる微妙な色あいを見せながら、オーラの特定の箇所を貫いて流れます。一方、繊細な情動を伴う第二の魂的な体験においては、オーラの同じ箇所に赤みがかった明るい黄色と、緑の色調が現れます。このとき私たちは、知的な要素が増えれば増えるほど、緑の色調がますます頻繁に現れることに気づきます。

きわめて頭のよい人間が動物的な衝動を満たすことだけに熱中している場合には、オーラのなかに多くの緑色が現れますが、程度の差はあっても、この緑はつねに茶色、または茶色がかった赤色の色調を帯びています。知的な事柄が得意でない人間の場合、オーラの多くの部分は、茶色がかった赤色、あるいは血のような、暗い赤色の流れによって貫かれています。

穏やかで、慎重で、ものごとをよく考えることができる人間の魂の気分に伴って現れるオーラは、激しい感情に伴って現れるオーラとは本質的に異なっています。この場合には、茶色系や赤色系の色調は背後に退き、さまざまな色あいの緑が姿を現します。人間が一生懸命思考しているときには、オーラの基本的な色調は、感じのよい緑色になります。人生のあらゆる状況にうまく対処できる人の場合には、このようなオーラはとくに顕著に現れます。

献身的な魂の気分に伴って現れるのは、青い色調です。人間がある事柄に自分自身を捧げると、青い色調はいっそう強くなります。この点に関しても、二種類の異なった人間のタイプが見出されます。まず第一のタイプとしては、自分自身の思考の力を育てるのがあまり得意でない、控え目な性格の人間がいます。このような人間の魂は受動的な性質を帯びており、展開していく世界の出来事のなかに自分自身の「善良な心情」だけを流し込みます。このような人間のオーラは、美しい青色にかすかに輝きます。献身的で宗教的な性質を備えた人びとのオーラも、基本的には同じような現れ方をします。また思いやりがあって、ふだんの生活のなかで好んで善行を行う人間の魂から、同じようなオーラが現れます。このような人間がとくに知的な性質を備えている場合には、緑色と青色の流れが交互に現れたり、あるいは青色そのものが緑色がかった色あいを帯びたりします。

一方、このような受動的な魂を備えた人間とは対照的な、第二のタイプとして、活動的な魂の持ち主がいます。活動的な魂の特徴は、オーラの青色が内側から明るい色調によって貫かれているという点にあります。創意工夫に満ちた、実り豊かな思考をする人間は、内面の一点から明るい色彩を放射します。このことがもっともあてはまるのは、一般的に「賢い」と呼ばれるタイプの人間や、実り豊かな考えに満ちあふれている人間です。

一般的に見て、人間の霊的な活動はすべて、内から外に向かって広がっていく光線のような形態を取って現れます。これに対して、人間の動物的な営みから生じるものはすべて、不規則な雲のような形態を取ってオーラを貫きます。

人間が魂の活動から生じる思考を動物的な衝動を満たすために役立てるか、それとも理想主義的な、あるいは事実に即した関心のためにもちいるか、という違いによって、それに対応するオーラのイメージは異なった色調を示します。創意工夫にあふれた頭脳の持ち主があらゆる思考を感覚的な情熱を満たすために使うときには、オーラのなかに青みがかった暗い赤の色調が現れます。これに対して、無私の態度を貫き、他者に関心を抱きながら思考する人のオーラのなかには、赤みを帯びた明るい青の色調が現れます。また、人間が気高い献身と自己犠牲の能力と結びつきながら霊のなかで生活するときには、オーラのなかに薔薇のような赤色、または明るいスミレ色が現れます。

しかしながら魂の基本的な状態だけではなく、一時的な激しい感情や、さまざまな気分や、そのほかの内面的な体験も、オーラのなかに色彩の流れを生み出します。いきなり爆発する激しい怒りは赤色の流れを引き起こします。傷つけられた自尊心が湧き上がってくるときには、それは暗い緑色の雲に包まれています。

また、オーラの色彩現象は、このような不規則な雲のような形姿を取って現れるだけではなく、はっきりとした境界をもち、規則正しく形成された姿で現れることもあります。たとえば人間が瞬間的に恐怖に襲われるときには、上から下へと線状に波打ち、青みを帯びた赤色の輝きを伴なう、青いオーラが現れます。人間がはらはらしながらある出来事を待ち受けているときには、赤みを帯びた青色の線が放射状に、内から外に向かってオーラを貫きます。

私たちは霊的な知覚能力を正確にもちいることによって、人間が外界から受け取る感覚をそれぞれ識別することができます。たとえば人間が外界の印象によって強い刺激を受けるとき、青みがかった赤色をした、いくつもの小さい点がオーラのなかで燃え続けます。みずみずしい感覚を失った人間のオーラのなかでは、この小さな点はオレンジがかった黄色、あるいは美しい黄色をしています。人間が「放心状態」に陥ると、程度の差はあっても、形態が変化し続ける青い点がオーラのなかに現れ、それは次第に緑色に移行していきます。

高いレベルまで育成された「霊的な直観」を働かせることによって、私たちは人間を流れや光で包み込むこのようなオーラの内部において、三種類の色彩現象を区別します。まず第一に、程度の差はあっても、全体として不透明で鈍い性格をもった色彩があります。もちろん私たちの物質的な目がとらえる色彩と較べてみると、この色彩ははるかに微妙で、透明です。しかし超感覚的な世界の内部では、この色彩によって満たされた空間は、どちらかというと不透明なものになっています。この色彩は、霧のイメージのように空間を満たしています。

第二の種類の色彩は、いわばまったくの光です。この色彩は空間のなかに明るく浸透し、空間を満たします。この色彩をとおして、空間そのものが光の空間になります。

これらの二種類の色彩とまったく異なっているのは、第三の種類の色彩現象です。この色彩現象は光を放射し、きらめかせるという性格をもっていいます。この色彩現象が満ちあふれる空間には光だけではなく、輝きと光線が貫いています。この色彩は活動的で、それ自身の内部において動いています。最初の二種類の色彩は、それ自身のなかで静止しており、輝くことはありませんが、第三の種類の色彩は、それ自身のなかから、つねに生まれ続けるのです。

最初の二つの種類の色彩現象においては、繊細な流れが空間を満たし、静かに空間のなかに留まりますが、第三の種類の色彩現象においては、空間はたえず生み出される生き生きとした感じや、休むことのない活動によって満たされます。

これらの三種類の色彩は、人間のオーラのなかで、個々に並びあって存在しているわけではありません。三種類の色彩は、おたがいに切り離された空間のなかだけに存在しているわけではなく、さまざまな形で、相互に浸透しあっています。たとえば鐘という物質的な物体の形姿を目で見ながら、同時にその音を聞くことができるのと同じように、私たちはオーラの特定の箇所に、三つの種類の色彩すべてが浸透しあう様子を目にします。そのためオーラは、きわめて複雑な現象になります。なぜなら私たちはこのとき、相互に重なりあい、浸透しあう三種類のオーラと出会うことになるからです。

しかし一つずつ、交互に注意を向けるならば、私たちは三つのオーラをはっきりと識別することができます。このとき私たちは、いわば感覚的な世界において、音楽作品の印象に完全に身をゆだねるために目を閉じるのと同じようなことを、超感覚的な世界において行うのです。「霊視者」は三とおりのオーラの色彩をとらえるために、三種類の器官を備えています。「霊視者」は、よけいな妨害を受けないで観察するために、自分が受け取る印象に対して、三種類の器官のうちの一つを開き、残りの器官を閉じることができます。たとえばある「霊視者」は、最初に第一の種類の色彩をとらえる器官だけを発達させます。この「霊視者」は一つのオーラだけを見ます。そのほかの二つのオーラは、この霊視者にはずっと見えないままの状態に留まります。また別の「霊視者」は、最初の二つの種類のオーラから印象を受け取りますが、第三の種類のオーラからは印象を得ることはできません。

「霊視能力」の高次の段階に到達すると、人間は三つのオーラをすべて一度に観察し、さらに詳しく研究するために、それぞれのオーラに交互に注意を向けることもできるようになります。

この三種類のオーラは、人間の本質が超感覚的に霊視できる姿で現れたものです。つまり体《たい》・魂・霊という三つの構成要素が三種類のオーラのなかに姿を現しているのです。

第一のオーラは、体《たい》が人間の魂に及ぼす影響を、鏡像のように映し出しています。第二のオーラは、感覚の直接的な刺激は克服したものの、まだ永遠なるものに奉仕するために捧げられていない、魂自身によって営まれる生活の現れです。第三のオーラは、永遠の霊は人間のなかの過ぎ去りゆく要素をどれだけ支配しているか、ということを映し出します。筆者がここで試みているような方法でオーラについて解説する場合には、「このような事柄は観察するのが容易ではないだけではなく、とくに言葉によって描写するのが困難である」ということを強調しておかなくてはなりません。ですから、このような記述からおおまかな示唆以外のものを読み取ろうとはしないで下さい。

魂の生活が備えている独自の性格は、オーラの性質として「霊視者」の前に姿を現します。「霊視者」が、瞬間ごとの感覚的な衝動や欲望や、つかのまの外界の刺激に身をゆだねている人間の魂の生活を観察してみると、第一のオーラはけばけばしい色調を帯びており、第二のオーラは弱々しく形成されています。「霊視者」は、この第二のオーラのなかにわずかな色彩の形成物しか見出しません。この場合、第三のオーラはほとんど姿を現さず、ただあちこちに、色彩の小さな火花がきらめく程度です。それは、「このような魂の気分をもつ人間のなかにも、永遠性は素質として生きている。しかし永遠性は、感覚的なものの強い作用によって抑制されている」ということの現れなのです。

人間が衝動的な本性を脱ぎ捨てれば脱ぎ捨てるほど、第一のオーラからけばけばしい感じがなくなっていきます。それとともに、第二のオーラはますます拡大し、いっそう完全に、物質的な人間を包み込む色彩を光輝く力で満たすようになります。

そして人間が「永遠なるものに仕える人」になればなるほど、驚嘆すべき第三のオーラが姿を現します。第三のオーラは、人間がどの程度まで霊の世界の住人になっているか、ということを証明する部分です。なぜなら神性と結びついた人間の真の自己は、オーラのこの部分をとおして地上の世界に光を投げかけるからです。このオーラを出現させる限りにおいて、人間自身は、神性がこの世界を照らし出すための炎となるのです。人間はこのオーラの部分をとおして、「どこまで自分自身のためにではなく、永遠の真理や、気高い美と善のために生きることができるか。偉大な宇宙の活動の祭壇に捧げるために、どこまで狭い自己を高めていったか」ということを表現します。

このように、人間が受肉しているあいだに自分自身のなかから生み出したものが、オーラのなかに姿を現すのです。

オーラの三つの部分には、さまざまな色調が含まれています。ただしこのような色調の性質は、人間の発達の程度におうじて変化します。

第一のオーラでは、未発達な衝動によって営まれる生活が、赤から青までのあらゆる色調を伴って姿を現します。これらの色調は濁った、はっきりしない性質を備えています。けばけばしい赤の色調は感覚的な欲望や、肉欲や、美食の快楽への欲求の現れです。緑の色調は、何事にも無感動で関心をもとうとしない、低次の本性の持ち主に見出されます。このような本性の持ち主は、あらゆる楽しみに貪欲に身をゆだねますが、このような欲求を満たすために行わなくてはならない努力は避けようとします。

また人間が情熱に駆られて、自分の能力の限界を越えた目標に到達しようとして激しく求めるときには、茶色がかった緑と、黄色がかった緑のオーラの色彩が姿を現します。現代特有のある種の生活態度は、このような種類のオーラを増大させています。

低次の本性に根ざし、低い段階のエゴイズムを示す人間の自己感情は、黄色から茶色までのニュアンスを帯びたぼんやりとした色調で現れます。ただし場合によっては、動物的な衝動が好ましい性格を帯びることもあります。このような現象は、たとえばすでに動物界において高い段階に達している、自然な自己犠牲の能力に見出されます。動物的な衝動は、自然な母性愛のなかで育成され、美しく完成されています。このような自然の無私な衝動は、第一のオーラのなかで、明るい赤色から淡紅色までの色調を伴って姿を現します。また、臆病な人が抱く恐怖心や、感覚的な刺激を恐れる気持ちは、第一のオーラのなかで、茶色がかった青色または灰色がかった青色で現れます。

第二のオーラも、さまざまな色調を示します。強く発達した自己感情や、誇りや、名誉欲は茶色とオレンジ色の像で現れます。好奇心は、赤みを帯びた黄色の点となって姿を現します。明るい黄色は、明晰な思考と知性を映し出しています。緑は人生と世界に対する理解の現れです。理解するのが早い子どもの場合には、この第二のオーラにたくさんの緑色が現れます。すぐれた記憶力は第二のオーラのなかで、「緑色がかった黄色」となって姿を現します。薔薇のような赤色は、善意と愛に満ちた本質を表します。青は敬虔さの現れです。燃え立つような宗教上の敬虔さが育成されると、青色はスミレ色に移行します。理想主義や、人生を真剣に生きようとする態度は、高次の認識において藍《あい》色となって現れます。

第三のオーラの基本的な色調は、黄色と緑色と青色です。人間の思考が、神的な世界秩序全体のなかから個々の存在をとらえる高次の包括的な理念によって満たされるとき、第三のオーラのなかに明るい黄色が現れます。思考がイントゥイション的で、純粋な感覚的なイメージによって貫かれているときには、この黄色は黄金のように輝きます。緑色は、すべての存在への愛を表しています。青色は、すべての存在に無私の自己犠牲をはらう能力の現れです。このような自己犠牲の能力が、すすんで世界のために奉仕し、活動しようとする強い意志にまで高められると、青色は明るいスミレ色に変わります。魂の本質を高度に発達させたにもかかわらず、個人的なエゴイズムの最後の名残りとして、まだ誇りや名誉欲を保持している人間の場合には、黄色の色調のほかに、オレンジ色に移行する色調が姿を表します。

もちろん私たちは、「オーラのこのような部分に現れる色彩は、人間がふだん感覚的な世界で目にしている色調とは、まったく異なっている」という点に注意をはらわなくてはなりません。「霊視者」はオーラのなかで、通常の世界のどのようなものとも比較することができないほど美しく、崇高なものに出会います。

「オーラを見る」ことによって人間が物質的な世界のなかで知覚する事象は拡大され、豊かなものになる、という点を重視しないならば、私たちは以上のような「オーラ」に関する記述を正しくとらえることはできません。私たちは知覚そのものを「拡大」することをとおして、感覚的な世界以外に霊的に実在している、魂の営みの形態を認識することをめざします。このような記述はすべて、幻覚として知覚されたオーラに基づいて人間の性格や考えを解釈しようとする態度とは、まったく関係はありません。ここで述べられている事柄は、人間の認識を霊的な世界へと拡大することをめざすものであり、人間の魂の種類を好き勝手に分類しようとする、いかがわしい術と関わりはありません。

＊原註1――筆者が先に霊的な内容を言葉で表現することの難しさについて述べた箇所を思い起こしていただけるならば、このような「意図」という言葉も「比喩」として表現されていることが、おのずと明らかとなるはずです。筆者は、ここで古い「合目的性についての理論」を復活させようとしているわけではありません。

＊原註2――一般的に見て、ここで解説している事柄は非常に誤解されて受け取られています。そのため本書のこの新しい版では、末尾の註で、ごく簡潔に、この問題をふたたび取り上げることにしました（二一九ページ以下参照）。

▼認識の小道

すべての人間は、本書で述べられているような霊学的な認識を、自分自身で身につけることができます。本書の記述方法そのものが、高次の世界の思考イメージを人間に伝えることをめざしています。このような記述は、ある意味において、人間が自分自身で直観するための第一歩です。なぜなら人間とは思考存在だからです。そして人間は、思考から出発するときにのみ、自分自身の認識の小道 **Pfad der Erkenntnis** を見出します。人間は悟性をとおして高次の世界のイメージを受け取ります。たとえ人間が自分自身の直観をとおしてとらえることができないような高次の事実について伝えているとしても、このような思考イメージが人間のなかで、そのままってたく成果をもたらさないなどということはありません。人間が受け取る思考それ自体が、人間の思考の世界のなかで作用し続けるような力を生み出します。この力は人間のなかでずっと活動し続け、人間のなかにまどろんでいる素質を目覚めさせます。このような思考イメージに没頭するのは無駄なことである、と考える人は、誤りに陥っています。なぜならその人は思考のなかに、実体をもたない抽象的な要素だけを見ようとしているからです。思考の根底にあるのは生き生きとした力です。認識する人間にとって、思考とは、霊のなかで直観的にとらえられる事象が直接姿を現したものにほかなりません。そして別の人間に伝えられるときには、このような霊的な事象の直接的な現れとしての思考はその人間のなかで、認識の果実をそれ自体のなかから産み出す萌芽として作用します。高次の認識を獲得しようとする際に、思考をとおして努力することを拒絶し、思考以外の能力に頼ろうとする人は、思考は人間が感覚的な世界のなかで備えている最高の能力である、という事実を理解していません。ですから、「私自身はどのようにして霊学の高次の認識を身につけることができるのでしょうか」と問いかける人に対しては、「まず最初は、ほかの人間が伝えることをとおして高次の認識について学んで下さい」というほかはありません。そしてこの人が、「私は自分で霊視したいのです。ほかの人が霊視した事柄については、私は何も知りたくありません」というならば、「自己の認識に到るための第一の段階は、ほかの人が伝える事柄について学ぶことなのです」と答えなくてはなりません。するとこの人は、「つまり私は、最初のうちは、伝えられた事柄を盲目的に信じ込むように強いられるわけですね」というかもしれません。しかし、私たちがほかの人が伝える事柄について学ぶときに重要な意味をもつのは、「信じる」とか「信じない」とかいったことではなく、聞き取った言葉をとらわれない態度で受け入れることだけなのです。真の霊の探求者は、聞き手に盲目的に信じてもらうことを期待して語ったりはしません。霊の探求者はつねに、「私はこのような事柄を存在の霊的な領域のなかで体験しました。そして私はこのような私の体験について語ります」とだけ述べます。また霊の探求者は、「聞き手がこのような私の体験を受け入れ、聞き手本人のために語られる事柄を思考のなかに浸透させるならば、それは霊的に成長するための生き生きとした力を育てる」ということも知っています。

ここでお話ししている事柄を正しく直観的にとらえることができるのは、魂と霊の世界に関するあらゆる知識は人間の魂の底に眠っている、という事実に注意をはらう人だけです。私たちは、このような知識を「認識の小道」を歩むことによって取り出すことができます。私たちは、自分で魂の底から取り出してきた事柄だけではなく、自分以外の人間が魂の底から汲み取ってきた事柄についても、

「洞察する」ことができます。このことは、私たちがまだ認識の小道にまったく足を踏み入れていない場合にも、あてはまります。正しい霊的な洞察は、偏見によって濁らされていない心情のなかに、理解力を呼び覚まします。私たちは自分自身のなかに潜んでいる無意識的な知識をとおして、ほかの人間が見出した霊的な事実を喜んで受け入れます。このようにして受け入れたからといって、私たちは霊的な事実を盲目的に信じたことにはなりません。それは、人間の健全な悟性の正しい作用です。人びとはしばしば「沈潜 Versenkung」をとおして、人間が健全な悟性をとおして認識する事柄よりもよいものを獲得することができると信じたがりますが、私たちは、「真の霊的な探求によってもたらされる健全な理解こそ、いかがわしい神秘主義的な『沈潜』よりもはるかにすぐれた、霊的な世界を自分で認識するための出発点である」と考えることができるのです。

真剣な思考の営みは高次の認識能力を育成しようとする人には必要不可欠である、ということは、どんなに強調しても、強調しすぎるということはありません。一般に「霊視者」になろうとする人びとの多くは、無私な態度に基づく真剣な思考の営みを軽視したがる傾向にあるため、この点はいっそう強調しておかなくてはなりません。このような人びとは、「『思考』は私にとって役に立ちません。『思考』よりも、『感覚』や『感情』のほうが重要です」といいます。このような考え方のもち主に対しては、「あらかじめ思考の営みによく慣れておかなければ、誰も高次の意味において（つまり本当の意味において）『霊視者』になることはできないのです」と答えなくてはなりません。多くの人びとは、ある種の内面的な快適さを追求することによって好ましくない影響を受けます。人びとは、「抽象的な思考」や「無意味な空論」を軽蔑するふりをしながら、無意識のうちに求めている快適さのなかに埋没していきます。そのため人びとは、自分のなかに潜んでいる、快適さを求める気持ちを意識することはありません。しかしながら、思考とは怠惰で抽象的な考えを紡ぎ出すことにすぎない、という誤謬に陥るならば、私たちは思考の真の本質を見誤ることになります。このような「抽象的な思考」は、超感覚的な認識を容易に抹殺してしまいかねません。超感覚的な認識の基盤になりうるのは、生命に満ちた思考です。確かに、思考の活動を避けながら高次の霊視能力を身につけることができるならば、はるかに快適でしょう。事実、多くの人びとがそれを望んでいます。しかし高次の霊視能力を獲得するためには、思考だけが到達できる、内面的な安定感や魂の落ち着きがどうしても必要なのです。さもないと、空疎なイメージが現れたかと思うとすぐに消えたり、人びとを混乱させるような魂の遊戯が生じたりすることになります。ある人びとはそれを楽しいと感じるかもしれませんが、それは、真の意味において高次の世界にわけ入っていくこととは何の関係もありません。

さらに、実際に高次の世界に足を踏み入れるときにどのような純粋な霊的体験が人間のなかで生じるのか、ということを認識するとき、私たちは、ここで述べられている事柄にはさらにもう一つの側面がある、ということも理解できるようになります。「霊視者」には、魂の生活の健康が絶対に必要ですが、真の思考ほど魂の生活の健康を促進してくれるものは、ほかにありません。高次の発達をめざす霊的な訓練が思考という基盤の上に打ち建てられていないならば、魂の生活の健康はいちじるしくそこなわれることもあります。「健康を保ちながら正しく思考するときに、人間は霊視能力を身につけることをとおして、霊視能力をもたないときよりもいっそう健康になり、人生において有能な働きをすることができるようになる」ということが真実であるのと同様に、「人間が思考による努力を避けて高次の発達をめざそうと試みると、超感覚的な領域におけるあらゆる夢想や空想や、さらには人生に対する誤った態度までも促進されることになる」ということも、真実なのです。筆者がここで述べている事柄を守りながら高次の認識へと発展しようとする人は、何も恐れる必要はありません。人間はこのような前提条件のもとでのみ、高次の認識をめざして発達していかなくてはならないのです。このような前提条件は人間の魂と霊のみと関わります。このような前提条件のもとで、体の健康に対する何らかの悪影響について語るのは、無意味です。

当然のことながら、根拠のない不信感を抱くと、人間は有害な影響を受けます。なぜなら不信感は、思考を受け取る人間のなかで、反感を呼び起こす力となって作用するからです。不信感は、その人間が実りをもたらすような思考を受け取るのを妨害します。高次の感覚が開かれるための前提条件は、このような不信感を抱くことでもなければ、逆に何かを盲目的に信じることでもなく、ただ正しい形で霊学的な思考の世界を受け入れることなのです。霊の探求者は学徒に向かって、次のように求めます。「あなたは私がいうことを信じてはいけません。あなたは私が述べることについて考えて、それをあなた自身の思考の世界の内容にしなくてはなりません。そうすれば、私の思考はあなた自身のなかで、あなたが思考それ自体に含まれている真実をよりどころとして私の思考を認識するように作用するでしょう」。これこそが霊の探求者の考えなのです。霊の探求者は、「ある事柄が真実であると判断する力は、受け取る人間自身の内面から生じます」といって、学徒を励まします。私たちは霊学的な直観を、このような観点に立って探求しなくてはなりません。さまざまな努力をとおして自分自身の思考を霊学的な直観のなかに没入させるとき、私たちは、「いずれふさわしい時間が経過すれば、霊学的な直観は私を自分自身の考えへと導いてくれるだろう」という確信を抱くことができるようになります。

以上のような事柄のなかに、高次の事実を自分で直観しようとするときに人間が自分自身のなかに最初に育成しなくてはならない特性が見出されます。つまり私たちは、人間の人生や人間以外の世界が明らかにするものに対する無条件の、とらわれない献身的な態度を育てなくてはならないのです。最初から、それまでの人生で身につけた判断に固執したまま世界の事実に近づくと、私たちはこのような判断をとおして自分自身を閉ざしてしまい、世界の事実が私たちに及ぼす、穏やかで多面的な作用を受け入れなくなります。学ぼうとする人は、どのような瞬間においても、自分自身をまったく空の器にすることができなくてはなりません。未知の世界は、まさにこのような空の器のなかに流れ込んできます。私たちのなかのあらゆる判断や批判が沈黙する瞬間だけが、本当の意味での認識の瞬間なのです。たとえば私たちがある人物に会うとき、私はその人よりも賢いかどうか、ということはまったく重要ではありません。理解力のない子どもでも、最高の賢者にある事柄を明らかにすることができます。もし賢者が自分自身の賢明な判断に固執したまま、子どもと向きあうならば、賢者の知恵は曇りガラスのように、子どもが明らかにする事柄を覆い隠してしまいます。*原註1

見知らぬ世界が明らかにする事柄に、献身的な態度で自分を捧げるためには、私たちは内面において完全な無私の状態を保たなくてはなりません。自分はどの程度まで献身的に自己を捧げることができるだろうか、という点をつねにチェックするようにすると、私たちは自分自身に関して驚くほど多くの発見をすることができます。もし高次の認識の小道に足を踏み入れようとするならば、私たちはあらゆる瞬間に、すべての先入観といっしょに自分自身を消し去る訓練をしなくてはなりません。私たちが自分自身を消し去るときに、ほかの存在は私たちのなかに流れ込んできます。私たちは高次の段階に属する、無私の献身的な態度を貫くことによってのみ、いたるところで人間の周囲を取り巻いている、高次の霊的な事実をとらえる能力を身につけるのです。私たちはめざすべき目標を意識しながら、自分自身のなかにこのような能力を育成することができます。たとえばまわりの人間に対して、どのような判断も下さないように試みて下さい。いままで自分がよりどころにしてきた、「それは魅力的か。それともいやな感じがするか」、「それは愚かなのか。それとも賢いのか」といった尺度を、自分のなかから消し去って下さい。そしてこのような尺度をもちいないで、自分が向きあっている人間を純粋にその人間自身をもとに、相手を理解するように試みて下さい。嫌悪感を覚える人物に対してこのような試みをすると、それは最高の訓練になります。この場合にはすべての力をふりしぼって、この人物に対する嫌悪感を抑えるようにします。そしてとらわれない態度で、この人間の行動のすべてを自分のなかに受け入れてみて下さい[*原註2]。

私たちが事物や出来事について語るのではなく、事物や出来事そのものが私たちに向かって語りかけるようにならなくてはなりません。そしてこのような試みを自分自身の思考の世界にも拡大してみて下さい。つまり自分のなかのさまざまな思考を形成する要素を抑制し、自分の外に存在するものに思考を生み出させるようにするのです。

おごそかな気分を保ちながら真剣に、ねばり強くこのような訓練を行うときにのみ、私たちは高次の認識の目標へと到達します。このような訓練を軽視する人は、この訓練の本当の価値を知らないのです。このような事柄を経験したことがある人は、献身的でとらわれない態度は実際に力を生み出す、ということを知っています。蒸気ボイラーのなかで生み出された熱が機関車の前進する力に変わるように、無私の献身的な態度は人間のなかで、霊的な世界を見る力を生み出します。

このような訓練をとおして、私たちは自分の周囲のすべての存在を受け入れることができるようになります。ただしこのような周囲の存在を受け入れる能力を育成するときには、私たちは正しく評価することもできるようにならなくてはなりません。周囲の世界を低く見ることによって自分を高く評価したい、という気持ちがあるあいだは、私たちはみずから高次の認識への入り口をふさいでいます。世界の事物や出来事と出会うときに、このような事物や出来事によって私たち自身のなかに引き起こされる快感や痛みに身をゆだねるならば、私たちは自分自身を実際以上に高く評価してしまうことになります。なぜなら私たちは私たち自身の快感や私たち自身の痛みを感じるときは、事物については何も体験しておらず、ただ自分自身に関して何かを体験しているだけだからです。たとえばある人物に共感を覚えるときには、私は最初は、その人物と私の関係だけを感じ取ります。私がこのような快感や共感の感情のみに従って判断したり、行動したりするときには、私は自分自身の特性を前面に出しています。私は自分自身の特性を世界に押しつけているのです。この場合、私は、ありのままの自分自身を世界のなかに組み込みたいのであって、とらわれない態度で世界を受け入れ、世界のなかで作用している力に従って、世界を自分の前に出現させようとはしていません。いいかえるなら、私は自分自身の特性にふさわしい事柄だけに寛容なのです。それ以外のものに対しては、私は反発します。感覚的な世界にとらえられているとき、私たちは感覚的な性質を備えていない影響に対して、とくに反発します。霊について学ぶ人間は、事物や人間と向きあうときには、事物や人間そのものの特性に基づいてふるまうようにし、それぞれの存在の価値や意味を認めるような特性を自分のなかに育てるように心がけます。共感や反感、あるいは快感や不快感は、まったく新しい役割をはたすようにならなくてはなりません。ここでは、人間はこれらの感情を根絶すべきである、とか、人間は共感や反感に対して鈍感にならなくてはならない、と述べたいわけではありません。ここでお伝えしたいのは、「共感や反感を抱いても、すぐに判断を下したり、行動したりしない力を育てると、人間はいっそう繊細に物事を感じ取る能力を自分のなかで発達させていくことができる」ということなのです。

すでに自分のなかに存在している傾向を抑えるとき、人間は共感と反感が高次の性質を帯びるのを体験します。人間が初めのうちは共感を抱くことができない事物のなかには、隠された特性が含まれています。人間がみずからのエゴイスティックな感覚に従ってふるまわないようにすると、事物は隠された特性を明らかにし始めます。このようにして自己を育成していくと、自分自身の感覚を鈍らせることがなくなるため、その人間はあらゆる点において、ほかの人間よりも繊細に感じ取ることができるようになります。やみくもに自分の好みに従うと、私たちの感覚は鈍くなり、周囲の事物を正しい光のもとでとらえることができなくなります。自分の好みに従うとき、私たちは、自分を開いて周囲の世界の価値を感じ取ることができなくなり、周囲の世界のなかを強引に突き進んでいくことになります。

快感や苦痛、あるいは共感や反感に従って、エゴイスティックに反応したり、ふるまったりするのをやめると、人間は変化する外界の印象から自立するようになります。ある事物に快感を感じると、人間はたちまち、この事物の影響を受けることになります。この事物の影響を受けることによって、人間は自己を見失います。変化し続ける印象を追いかけて、快感と苦痛のなかで自分自身を見失ってしまうと、人間は霊的な認識の小道を歩むことができなくなります。人間は冷静に快感と苦痛を受け取るようにしなくてはなりません。そうすると人間は、快感と苦痛のなかで自分自身を見失うことはなくなり、そのかわりに快感と苦痛そのものを理解し始めるようになります。快感に身をゆだねるとき、私の存在は快感によって食い荒らされます。私はむしろ、私に快感を抱かせる事物について理解する、という目的のために快感を利用すべきなのです。私がその事物に快感を感じるということに、私自身がふりまわされてはなりません。むしろ快感を味わうときには、私は快感をとおして事物の本質を体験すべきなのです。私は快感をとおして、ある事物のなかに私に快感を感じさせるのにふさわしい特性が含まれている、ということを知ります。私はこのような特性を認識することを学ばなくてはなりません。快感のみに没頭し、快感によって完全に心を奪われているときには、私は自分自身の枠を越えることはできません。これに対して、快感を事物の特性を体験するための機会として役立てると、私はこのような体験をとおして自己の内面をより豊かなものに変えることができます。霊を探求する人間にとって、快感や不快感、あるいは喜びや苦痛は、事物について学ぶための機会にならなくてはならないのです。このことによって、霊を探求する人間が快感や苦痛に対して鈍感になることはありません。快感や苦痛をとおして事物の本性を明らかにするために、人間は快感や苦痛を超越するのです。

　このような点において進歩すると、霊を探求する人間は、快感や苦痛はすばらしい教師である、ということを認識するようになります。霊を探求する人間が、あらゆる存在とともに感じることによって、これらの存在の内面が姿を現します。霊を探求する人間は、私はどのように苦しみや喜びを感じるか、ということだけに注意をはらわないで、いつも、苦しみや喜びはどのように私に語りかけてくるのか、ということについて考えます。霊を探求する人間は、外界の快感と喜びが私たち自身に働きかけてくるように、自分自身を捧げます。そのことによって人間は、事物とまったく新しい方法で関わりあうようになります。それまで人間は、ある印象を受け取ると、この印象をとおして私たちが感じた喜びや不快感に基づいて、さまざまな行動を起こしました。しかしいまでは、人間の快感や不快感は、事物がありのままの本質を告げるための器官になります。いままでは単なる感情でしかなかった快感や苦痛は人間のなかで、外界を知覚するための感覚器官へと変化するのです。

目がある事物をとらえても、目そのものは行動しないで、かわりに手が行動します。それと同じように、霊を探求する人間が快感や苦痛を認識のための手段としてもちいるとき、それをとおしてその人間のなかに何も呼び起こされることはありません。このとき人間は快感や苦痛をもとにしてさまざまな印象を受け取りながら、これらの感情をとおして経験する事柄によって行動へと駆り立てられるのです。人間が快感や不快感を通路のような器官としてもちいるようになると、これらの感情をとおして魂のなかに、魂の世界を知覚するための器官が形成されます。人間がみずからの快感や不快感のみに注意を向けるのをやめて、それをとおして未知の存在の魂を自分自身の魂の前に出現させるように心がけるとき、快感や不快感は魂の目 Seelenauge へと発達するのです。

　このような特性を身につけることによって、認識する人間は、自分自身の性質によって妨げられることなく、周囲の世界に存在しているものの本質の作用を受け取ることができるようになります。そしてさらに、認識する人間は正しい方法で霊的な環境に順応していかなくてはなりません。認識する人間は思考する存在として、霊的な世界に住んでいます。霊的な認識を行うときに、真理の永遠の法則、すなわち霊の国の法則と調和するように自分自身の思考を展開させることによってのみ、認識する人間は正しい方法で霊的な世界の住人になることができます。なぜならこのような方法をとおしてのみ、霊の国は人間に作用し、人間に霊的な事実を伝えるからです。自我のなかをたえず通り過ぎていくさまざまな思考に身をゆだねているときには、私たちは真理に到達することはありません。この場合、思考は、体的な性質のなかに存在することによって制約を受けながら展開します。物質体の脳によって生み出される精神の営みに身をゆだねるとき、私たちの思考の世界は規則正しさを欠き、混乱しているように見えます。そこではある思考が現れたかと思うと、ぷっつりと中断し、そのかわりに別の思考が現れたりします。よく注意をはらいながら二人の人物が話している会話に耳を傾けたり、とらわれない態度で自分自身を観察したりすると、私たちは、このようなとりとめのない思考が次から次へと生まれる様子を正しくとらえることができます。私たちが感覚的な生活において仕事に取り組む場合には、混乱した思考のプロセスは現実の事実によってたえず修正されます。たとえどんなに混乱した思考を抱いても、私は日常生活をとおして、現実にふさわしい法則に従って行動するように強いられます。たとえば私がある町について、きわめて不規則な思考のイメージを作り上げたとしても、実際にこの町を歩くときには、私は必然的に、目の前に存在する事実に従わなくてはなりません。また機械工がさまざまな混乱した考えを抱いて作業場にやってくるとしても、この機械工は機械そのものの法則によって、正しい処置をするように導かれます。このように感覚的な世界の内部では、事実そのものが思考をたえず修正してくれます。つまり私が物質的な現象や植物の形姿について誤った見解を抱いても、現実が私の前に現れ、私の思考を訂正してくれるのです。

ところが私が自分自身と存在の高次の領域の関係を観察するときには、事情はまったく異なっています。存在の高次の領域は、私が厳密な霊的な法則に従った思考を保持しながら足を踏み入れるときにのみ、私の前に姿を現します。このとき自分自身の思考をとおして適切で確実な衝動を受け取ることができないならば、私は正しい道を見出すことはできないでしょう。なぜなら高次の世界で作用する霊的な法則は、物質的で感覚的な存在形態へと濃密化していないため、先に述べた、感覚的な世界において見出されるような強制力を私に対して及ぼさないからです。霊的な法則が思考存在としての私自身の法則と密接に結びついているときにだけ、私は霊的な法則に従うことができます。この場合、私は自分自身の確実な道しるべにならなくてはなりません。ですから認識する人間は、みずからの思考を、それ自体のなかで厳密に秩序立てられた思考へと形成しなくてはなりません。認識する人間の思考は、少しずつ日常的な思考とは異なった展開をするようになります。思考が展開していくプロセス全体のなかで、思考そのものが霊的な世界の内面的な性格を受け取るようになります。認識する人間は、自分自身をこのような観点に基づいて観察し、自己を支配できるようにならなくてはなりません。認識する人間の思考が、好き勝手に別の思考と結びつくことはありません。思考のプロセスは、思考の世界の厳密な内容にふさわしいものにならなくてはなりません。このときある考えは、厳密な思考の法則に従って、別の考えに移行します。思考する存在としての人間のなかで、つねにこのような思考の法則性が反映されなくてはならないのです。私たちは、このような思考の法則から流れ出してくるもの以外は、自分自身の思考のプロセスに入り込ませないようにします。思考のなかに自分の好みにあう思考が混入してくるときには、もしそのことによって、それ自体のなかで規則立てられた正しい思考のプロセスが妨げられるならば、私たちはあえて好みの思考を退けなくてはなりません。また私たちの思考が、個人的な感情によって思考そのもののなかに内在していない方向にねじ曲げられそうになるときには、私たちはこのような個人的な感情を抑えなくてはなりません。

プラトン[1]は、自分の学院《アカデメイア》への入門を希望する人には、最初に数学の課程を修めることを求めました。確かに数学は、感覚的な現象の日常的なプロセスと関わりあうことのない厳密な法則性に貫かれているため、認識を求める人間にとってよい準備になります。認識において先に進もうとするならば、私たちは自分自身の人格と結びついた好き勝手な気持ちや障害は、すべて払いのけなくてはなりません。認識を求める人間は、好き勝手に生じる思考の作用を自分の意志で制御することによって、みずからの課題をはたす準備をします。認識を求める人間は、純粋に思考の要求に従うことによって、霊の認識に仕えるように思考を活動させることを学びます。このような思考の営みそのものが、どのようなものにも妨げられることのない、数学的な判断や推論の似姿となるのです。認識を求める人間は努力を重ねることによって、どのような場合にも、このように思考することができるようにならなくてはなりません。そうすれば、霊的な世界の法則性が人間のなかに流れ込んでくるようになります。思考が混乱した日常的な性格を帯びているときには、このような霊的な世界の法則性は人間のかたわらや内面を、痕跡すら残さずに通り過ぎていってしまいます。認識を求める人間は、秩序立てられた思考をとおして確実な出発点から奥深く秘められた真理へと導かれるのです。ただし、ここで述べている事柄を一面的に受け取らないようにして下さい。いくら数学がすぐれた思考の訓練になるといっても、私たちは数学を学ばなくても、純粋で、健全で、生命にあふれた思考に到達することができるのです。

認識を求める人間は、思考に関して行ったのと同じような訓練を行動に関しても行わなくてはなりません。認識を求める人間の行動は、個人的な事柄によって妨げられることなく、崇高な美と永遠の真理の法則に従わなくてはなりません。認識を求める人間は、崇高な美と永遠の真理の法則によって進むべき方向を示されるのです。たとえば認識を求める人間が自分で正しいと認識したことを行動に移すとき、「このような行為をしても個人的な感情は満たされないから」という理由で、一度足を踏み入れた正しい道から離れるようなことがあってはなりません。また、自分は永遠の美と真理の法則と調和する行動を取っていないということに気づいたときに、「でも、それを行うのは楽しいから」というだけの理由で、人間が一度足を踏み入れた誤った道をさらに歩み続けることも許されません。人間は日常生活において、個人的な満足を与えてくれる事柄や自分に利益をもたらしてくれる事柄によって、さまざまな行動を取るようにうながされます。このことによって人間は、自分の人格が備えている傾向を世界の現象のプロセスに押しつけています。このとき人間は、霊的な世界の法則のなかに示されている真理ではなく、自分の好き勝手な気持ちが求める事柄を実現しています。人間は霊的な世界の法則に従うときにだけ、霊的な世界の考えに基づいて行動することができるのです。霊的な認識の基盤を形成する力は、個人的な事柄に基づいて行われる行為のなかからは生じません。認識を求める人間は、「何が私にとって得になるのか。どうすれば私は成功するのか」といったことだけを問いかけることはありません。認識を求める人間は、「私は何を善と認めるのか」と問いかけることもできなくてはなりません。認識を求める人間が担わなくてはならないもっとも重要な法則は、「行動によってもたらされる個人的な利益を断念すること」と、「自分の好き勝手な気持ちをすべて断念すること」です。認識を求める人間が霊的な世界の道を歩んでいくと、その人間の存在全体はこのような法則によって貫かれます。人間は感覚的な世界のあらゆる強制から自由になります。そのとき人間の霊人が感覚的な覆いのなかから姿を現すのです。

このようにして認識を求める人間は霊的なものをめざして前進し、自分自身を霊的なものに変えていきます。私たちが、「純粋に真理の法則に従おうとする意図を抱いていても、それが私にとって何の役に立つのですか。私はこの真理に関して思い違いをしているかもしれないではありませんか」と問いかけることは許されません。重要なのは努力すること、つまり魂的な態度そのものなのです。誤謬をおかしている人間ですら、真理をめざして努力することによって、誤った軌道を修正してくれる力を受け取ることができます。まちがっているときには、この力がその人間に作用して、正しい事柄に到る道へと導いてくれます。ここで述べている事柄に関して、「私はまちがいをおかす可能性もあります」と反論することそれ自体が、すでに妨害的な働きをする不信感の現れです。このような反論をすることによって、その人が真理の力を信頼していないことが明らかになるのです。エゴイスティックな立場から自分の目標を設定するのではなく、無私の態度で霊的なものに身をゆだね、自分の進む方向を霊的なものに決めてもらうことが大切なのです。人間のエゴイスティックな意志が、真理に対してあれこれ指図するなどということはありえません。むしろこのような真理そのものが人間の内面を支配し、人間の存在全体に浸透し、人間を霊の国の永遠の法則の似姿に変えるようにならなくてはなりません。このとき人間は永遠の法則によって自分自身を満たし、この法則を人生のなかへと注ぎ出していくのです。

認識を求める人間は自分自身の思考だけではなく、みずからの意志も厳格に保つように心がけます。このことによって認識を求める人間は、できる限り謙虚に（つまり傲慢な態度を取ることなく）真理と美の世界の使者となります。このような使者になることによって、人間は上昇していき、霊の世界に関与するようになります。このようにして人間は、ある発達段階から次の発達段階へと高まっていきます。私たちは直観のみをとおして霊的な生活に到達することはできません。私たちは体験をとおして霊的な生活にたどり着かなくてはならないのです。

認識を求める人間が以上述べたような霊的な法則について洞察するようになると、霊の世界と関わる魂の体験はまったく新しい姿で現れます。もはや人間は魂の体験のなかだけで生きることはありません。魂の体験が、人間自身の生活のみにとって意味をもつことはなくなります。すなわち魂の体験それ自体が高次の世界を魂的に知覚するための器官となるのです。人間の魂のなかで、快感や不快感、喜びと苦しみなどの感情が魂の器官へと成長していきます。それは物質体において、目と耳がそれ自身の生活を営むだけではなく、無私の態度を貫きながら外界からやってくる印象を通過させるのと似ています。認識を求める人間は、このようにして自分自身の魂の状態のなかに、霊の世界を探求するのに欠かすことのできない平静さと落ち着きを生み出します。その人間は大きな快感を感じても、ただ歓声をあげて喜んだりはしません。人間は快感をとおして、いままで気づかなかった世界の特性について情報を受け取ります。快感が、人間の穏やかな気分を妨げることはありません。人間は穏やかな気分をとおして、快感を呼び起こす存在そのものの特徴について知るのです。また苦痛を感じることによって、人間がただ陰鬱な気分に陥ることはありません。人間は苦痛をとおして、自分に苦痛を感じさせる存在が備えている特性について学ぶことができるのです。人間が、それ自体では何も求めない目によって、進むべき道の方向を示されるのと同じように、人間の魂は快感や苦痛をとおして、軌道を確実に歩むことができるように導かれます。認識する人間は、このような魂の均衡状態に到達しなければなりません。認識する人間が内面的な生活に生じる快感や苦痛のうねりのなかに埋没することがなくなるほど、そのぶんだけ、これらの感情をとおして超感覚的な世界をとらえる目が形成されるようになります。快感や苦しみのなかで生きているときには、人間はこれらの感情をとおして認識することはありません。人間がそれをとおして生きることを学び、そのなかからみずからの自己感情を取り出すときに、快感や苦しみは知覚器官になります。そのとき人間は快感や苦しみをとおして見たり、認識したりするようになります。この場合、認識する人間は快感も苦しみも感じなくなり、感情に乏しい醒めた存在になってしまう、と考えるのは正しくありません。認識する人間のなかに、快感や苦しみは確実に存在しています。ただし認識する人間が霊の世界を探求するときに、快感や苦しみの姿が変化するのです。このとき快感や苦しみは「目と耳」になります。

　私たちが個人として世界とともに生きているあいだは、事物は私たちの人格と結びついた事柄だけを明らかにします。この場合明らかにされるのは、事物の過ぎ去りゆく部分です。しかし私たちが自分自身のなかの過ぎ去りゆく部分から遠ざかり、私たちの自己感情、つまり私たちの「自我」とともに自分自身の持続する要素のなかで生きるようになると、私たちのなかの過ぎ去りゆく部分は仲介者の役割をはたすようになります。このとき過ぎ去りゆくものをとおして、けっして過ぎ去ることのないもの、すなわち事物のなかの永遠性が明らかにされます。認識する人間は、人間自身の永遠性と事物のなかに含まれている永遠性のあいだに、このような関係を築き上げなくてはなりません。すでに述べたようなほかの訓練に取りかかる前に（そして訓練をしているあいだも）認識する人間は、このような過ぎ去りゆくことのない事柄に自己の感覚を向けます。石や植物や動物や人間を観察するときには、私は、このようなあらゆるもののなかで永遠性が姿を現している、ということを意識します。私は、「過ぎ去りゆく石や人間のなかで持続し続けるものは何だろうか。過ぎ去りゆく感覚的な現象よりも、長く存在し続けるものは何だろうか」と自分に問いかけなくてはなりません。

ここで、「このようにして霊を永遠のほうに向けると、人間は献身的な観察態度と日常的なものの特性に対する感覚を失い、直接的な現実から疎外されることになる」とは考えないで下さい。事実は、その反対です。私たちが目によってとらえるだけでなく、目をとおして霊を対象に向けるときに、木の葉やコガネムシは多くの秘密を明らかにしてくれます。このような対象に霊を向けるときにも、光のきらめきや色のニュアンスや音の響きはすべて、私たちの感覚にとって、生き生きと知覚することができる事柄として存在し続けます。このとき私たちは何も失うことはなく、ただ限りなく新しい生命をさらに受け入れていきます。ごくささやかな存在を目で観察することができない人間は、血の通わない青白い思考にたどりつくことはできても、霊的な直観に到達することはできません。

この場合、重要な意味をもつのは、私たちがこのような点において獲得する心のありかたです。それをどこまで達成できるかは、私たちの能力次第です。私たちはただ正しいことのみを行うべきであり、それ以外のことはすべて、おのずと展開するのにまかせるのがよいのです。初めのうちは、持続し続ける事柄に私たちの感覚を向けるだけで満足しなくてはなりません。そうすればまさにそのことをとおして、持続し続ける事柄に関する認識が私たちのなかに生まれます。私たちは、このような認識を受け取るまで待たなくてはなりません。ふさわしい時期がくると、辛抱強く待ち、努力を続けてきたすべての人間がこのような認識を身につけます。

　このような訓練を続けると、私たちはまもなく、自分自身が大きく変化することに気づきます。事物と持続し続けるもの（すなわち永遠性）の関係を認識するようになると、私たちは個々の事物に出会ったときに、このような関連に基づいて、「それは重要なのか、それとも重要ではないのか」ということを判断することができるようになります。私たちは世界に関して、それまでとは別の価値判断を下したり、評価をしたりするようになります。私たちの感情は周囲の世界全体に対して、それまでとは別の関係を築き上げます。これまでのように、過ぎ去りゆくものそれ自体が私たちを引きつけることはありません。私たちにとって、過ぎ去りゆくものは永遠性を構成する要素であり、永遠性の似姿なのです。私たちは、あらゆる事物のなかに生きている、このような永遠性を愛することを学びます。かつて私たちが過ぎ去りゆくものに親しんでいたように、いまでは私たちは永遠性に親しみます。このことによって私たちは人生から疎外されることはなく、個々の事物を、その真の意味において評価するようになります。人生における価値のない事柄でさえ、何の痕跡も残さずに、私たちのそばを通過していくことはありません。霊的なものを探求することによって、私たちは人生の価値のない事柄に関わりあって自分自身を見失うことはなくなり、一定の範囲内において、このような事柄の価値を認識するようになります。私たちは価値のない事柄を正しい光のもとでとらえます。雲の高みをさまようことだけを望み、そのために人生を見失ってしまう人間は、よくない認識者です。真の認識者は高みに立ちながら、全体をはっきりと概観し、あらゆるものに対して正しい感情をもつことによって、個々の事物が占めている位置を把握することができるのです。

このようにして認識する人間は、感覚的な外界からやってくる予測不可能な影響によって翻弄されて、自分の意志をさまざまな方向に向けることはなくなります。認識する人間は、認識をとおして事物のなかに永遠の本質を見ます。内面の世界が変化することによって、認識する人間はこのような永遠の本質を知覚する能力を身につけます。認識する人間にとって、特別に重要な意味をもつのは次のような思考です。すなわち自分自身をよりどころとして行動するとき、認識する人間は、事物の永遠の本質に基づいて行動していることを意識します。なぜなら事物は認識する人間のなかでみずからの本質を告げるからです。自分自身のなかで息づいている永遠性のなかから、みずからの行動を一定の方向に向けるとき、認識する人間は永遠なる世界の秩序の思考と調和しながら行動しています。このとき認識する人間は、「事物が私を駆り立てることはない。むしろ私のほうが、私自身の本質の法則と合致する、事物そのものに内在する法則に従って事物を駆り立てるのである」ということを知っています。

内面から生じるこのような行動は、私たちがそれをめざして努力する理想になります。この目標に到達できるのは、はるか先のことですが、認識する人間は、このような軌道をはっきりと見すえようとする意志をもたなくてはなりません。これこそが、その人間の自由への意志なのです。なぜなら自由とは、自分自身をよりどころとして行動することにほかならないからです。そして自分自身をよりどころとして行動することができるのは、永遠性のなかから行動のための動機を汲み取る人間だけです。永遠性のなかから動機を汲み取らない人間は、事物のなかに含まれているのとは別の動機に従って行動していることになります。このような人間は世界の秩序に逆らっています。そのとき世界の秩序は、必然的にその人間を圧倒することになります。つまりこの人間が好き勝手なふるまいをしようとしても、それは結局失敗に終わることになるのです。この人間は自由になることはできません。個々の人間の自分勝手な意志は、その行為がもたらす作用をとおして、みずから滅びていくのです。

＊　＊

以上述べてきたような方法で自分自身の内面的な生活に働きかけることができるようになった人間は、霊的な認識において、ある段階から次の段階へと前進していきます。そして訓練によってもたらされる成果として、人間は霊的な知覚をとおして、少しずつ超感覚的な世界を洞察することができるようになります。人間は、「世界に関する真理は何を意味しているのか」ということを学びます。人間は自分自身の経験をとおして、真理そのものからその証明を受け取ります。この段階まで登りつめると、このような道をたどることによってのみ体験することができる事柄が、人間のほうに近づいてきます。「人類の偉大なる霊的な指導者の力」によって、いわゆる秘儀参入 Initiation が授けられるとき、人間は秘儀参入の意味を初めて理解します。その人間は「知恵の学徒 Schüler der Weisheit」になります。私たちが人間の外界と関わる要素を秘儀参入のなかに探すのをやめると、秘儀参入に関するイメージはいっそう正しいものになります。ここで、このとき認識する人間が体験する事柄について、おおまかに述べておくことにします。

認識する人間は新しい故郷を受け取ります。そのことによって認識する人間は、目覚めた意識を保持しながら超感覚的な世界に住むようになります。霊的な洞察の源泉が、高次の場所から認識する人間のほうに流れ込んできます。認識の光が認識する人間を外から照らし出すのではなく、認識する人間自身がこのような光の源泉のなかに身を置くのです。認識する人間のなかで、世界が投げかけるさまざまな謎に新たな光が当てられます。これから先は、認識する人間は霊によって生み出された事物と語るのではなく、事物を生み出す霊そのものと語ることになります。霊的な認識が生じるとき、認識する人間自身の個人的な生活は、「意識的に永遠性を反映する」という目的のためだけに存在するようになります。かつて認識する人間が抱いた、霊に対するさまざまな疑念は消滅します。私たちが霊に疑いを抱くのは、事物そのものに目をくらまされることによって、事物のなかで支配的に作用している霊が見えなくなるときだけです。「知恵の学徒」は霊そのものと対話することができるので、学徒がそれまで霊に関して抱いていた誤ったイメージはすべて消滅します。私たちが霊に関して思い浮かべる誤ったイメージは、迷信です。秘儀参入者は、どのイメージが霊の本当の姿に合致しているかを知っているので、迷信を克服します。認識の小道をたどりながら「知恵の学徒」の段階へと登っていくとき、私たちは人格や疑念や迷信と結びついた先入観から自由になります。私たちは、「人格が包括的な霊の生活と一体になること」と、「人格を消し去って『宇宙霊』のなかに埋没すること」を混同してはなりません。人格が真の進歩を遂げるときには、このような「消滅」は起こりません。人格と霊の世界のあいだに築かれる関係において、私たちの人格は人格そのものとして保持されます。このとき人格は克服されるのではなく、高次の形で形成されるのです。このように個々の人間の霊が宇宙霊と一体になる様子を比喩的に表現するには、さまざまなグループが集まって一つのグループへと溶解していくイメージよりも、多くのグループがそれぞれ独自の色調を帯びながら並びあって存在しているようなイメージのほうがふさわしいといえます。ここでは異なった色彩を帯びたグループが相互に重なりあっていますが、それでもそれぞれのグループの個々の色調は、その本質全体において存続し続けます。どのグループも、満ちあふれる独自の力を失うことはありません。

本書では、「認識の小道」について述べるのはここまでにしておきます。このような認識の小道に関しては、可能な限り、本書の続きである『神秘学概論』のなかでさらに解説してあります。

誤解して解釈されると、ここで霊的な認識の小道について述べた事柄に関して、「筆者はこのような記述をとおして、喜びにあふれた直接的で活動的な体験から人間を遠ざけるような魂の気分を作り出すように勧めている」と安易に受け取られてしまう可能性があります。この点に関しては、私たちは霊的な現実を直接体験するのに適した魂の気分を一般的な要求としてそのまま生活全体に拡大することはできない、ということを強調しておかなくてはなりません。私たちは、霊的な存在を探求するために自分自身の魂を必要なだけ感覚的な現実から遠ざけるときにも、感覚的な現実から離れることで一般的な意味での世間知らずの人間にならないように、気をつけることができます。

また別の観点において、私たちは次のようなことを認識しなくてはなりません。すなわち霊的な世界を認識するときには、認識の小道に足を踏み入れることによって得られる認識と、さらに偏見をもたない健全な人間の悟性をもとに霊学的な真理をとらえることによって得られる認識をとおして、私たちは、高次の道徳的な人生や、感覚的な存在に関する真理にふさわしい認識や、落ち着いた生活や、内面的な魂の健康へと導かれるのです。

＊原註1――この文脈からすでにおわかりのことと思いますが、「無条件の献身」が求められているからといって、筆者がここで自分自身の判断をまったく排除したり、盲目的な信仰に身をゆだねることをうながしているわけではありません。こうした態度は、たとえ子どもを前にしたとしても、意味がありません。

＊原註2――このようなとらわれない献身は、「盲目的な信仰」とはまったく関係はありません。重要なのは、盲目的に何かを信じることではなく、生き生きとした印象を受け取らなくてはならないときに、「盲目的な判断」を下さないようにすることなのです。

註解と補足

［25ページ］について――ごく最近まで、「生命力」について語るのは科学的でない考え方の証しのように考えられてきましたが、現在ではふたたび、かつて仮説として唱えられた「生命力」の概念に、以前のような反発を示さない科学者も現れるようになりました。ところが現代科学の発達の過程を調べてみると、実際には、「生命力」を認めようとしない科学者の説のほうが論理的に筋が通っていることがわかります。現在の自然科学で認められている「自然の力」の概念には、「生命力」は含まれていません。ですから、もし現代科学の慣習的なものの考え方や観念を越えて、高次の思考や観念へと上昇していくつもりがないのならば、私たちは「生命力」について語るべきではありません。「霊学」の思考方法と前提を適用することによって初めて、私たちは論理的矛盾に陥ることなく、「生命力」を解明することができるのです。現在では、純粋に自然科学の立場に立って理論を打ち建てようとする学者ですら、生命をもたない自然界の事物のなかで作用する力をもとにして生命現象を説明しようとした、十九世紀後半の科学者の学説を根拠のないものと見なしています。たとえばすぐれた科学者であるオスカー・ヘルトヴィヒ(1)の著書『有機体の生成について。ダーウィンの偶然性に関する理論への反駁』は、この点に関して多くの示唆を与えてくれます。ヘルトヴィヒはこの本のなかで、生命存在は物理的（科学的）な法則の結びつきのみによって形成される、と

いう仮説に反論しています。

また、新生気論Neovitalismusを唱える科学者は、「生命力」を信じたかつての科学者と同じように、生命存在のなかでは特別の力が作用していることを認めていますが、この事実も重要な意味をもっています。

しかしながら、「人間は超感覚的なものの直観へと上昇する知覚のみをとおして、生命のなかで無機的な力を越えて作用している事象をとらえることができる」ということを認めない限りは、私たちがこのような領域に関して、図式的な抽象概念の限界を乗り越えるのは不可能です。私たちは、無機的な事象に関する自然科学の認識を生命の領域にそのまま適用するのではなく、それとは別の種類の認識を獲得しなくてはならないのです。

[25ページ]について——筆者はここで低次の有機体の「触覚」について述べましたが、この言葉は、通常の「感覚」という言葉が表現している事柄を意味しているわけではありません。このような表現が適切なものであるかどうか、という点に関しては、霊学の観点からも、多くの異論を唱えることは可能です。ここでもちいられている「触覚」という言葉は、外からやってくる印象を一般的に感じることを意味しており、それは、見たり聞いたりするときのように特別の方法で感じることを表現しているわけではありません。

［25―52ページ］について――ここで述べられている人間の本質の構成要素に関する記述をお読みになる方は、筆者は統一的な魂の生活に含まれるさまざまな部分を自分の好きなように区別しているだけではないのか、という印象を受けるかもしれません。この点に関しては、統一的な魂の生活の構成要素は光がプリズムを通過するときに現れる虹の七色と同じようなものである、ということを強調しておく必要があります。物理学者は、光がプリズムを通過するプロセスとその結果生じる七つの色彩を研究することによって、光の現象について説明しますが、それと同じようなことを、霊の研究者は魂の本質に関して行うのです。筆者は、悟性をもちいて抽象的に思考することによって魂の七つの構成要素を区別したわけではありません。それは、物理学者が悟性をもちいて抽象的に思考することによって光を七つの構成要素に区別するわけではないのと同じです。魂に関しても、光に関しても、このような区別のしかたは事実の内的な本質に基づいています。ただし私たちは、光の七つの構成要素は外界に存在する実験器具をとおして目で確認することができますが、魂の七つの構成要素に関しては、魂の本質を霊的に観察することによってのみとらえることができます。このような七つの構成要素を認識しない限りは、私たちは魂の真の本質をとらえることはできません。魂は、物質体・生命体・魂体という三つの構成要素をとおして過ぎ去りゆくものの世界に属し、それ以外の四つの構成要素をとおして永遠性のなかに根をおろしています。「統一的な魂」のなかでは、過ぎ去りゆくものと永遠性が区別できない形で結びついています。魂の構成要素を認識しなければ、私たちは魂と世界全体の関係を知ることはできません。ここで、私たちは別の比喩をもち

いることもできます。化学者は水を水素と酸素に分解します。私たちは水素と酸素を「統一的な水」のなかに観察することはできません。しかしそれでも水素と酸素はそれ自身の本質をもち、そのほかのさまざまな元素と結びつくことが可能です。それと同じように、人間が死ぬと、三つの「魂の低次の構成要素」は、過ぎ去りゆくものの世界の本質と結びつき、四つの「魂の高次の構成要素」は、永遠性に順応していきます。魂の構成要素について学ぶことを嫌がる人は、水が水素と酸素に分解されることについて何も知りたがらない化学者のようなものです。

［32・33ページ］について――私たちは霊学的な記述を正確に受け取らなくてはなりません。というのも、理念が正確に表現される場合にのみ、霊学的な記述は価値をもつからです。たとえば、「動物の感覚等は、直接的な体験を越える自立した思考によって貫かれていない」という箇所を読むとき、「直接的な体験を越える自立した」という言葉によく注意をはらわないと、読者の方は、筆者は動物の感覚や本能のなかに思考は含まれていないと主張している、と誤解してしまう可能性があります。しかしながら真の霊学は、動物の内面的な体験は（そのほかのあらゆる存在と同じように）すべて思考によって貫かれている、という認識に立っています。ただし動物の思考は、動物のなかに生きている「自我」の自立した思考ではなく、外から動物を支配する動物の集合的自我の思考なのです。この集合的な自我は、人間の自我のように物質的な世界の内部に存在することはなく、九一ページ以降に記述されているような魂の世界から動物に作用を及ぼします（この点に関しては、

私は『神秘学概論』のなかで、さらに正確に記述しておきました)。人間に関して重要なことは、「思考は人間のなかで自立した存在になる。つまり人間は、間接的に感覚のなかで思考を経験するのではなく、直接思考そのものを魂的に体験する」ということなのです。

[38ページ]について——幼い子どもが「カールはお行儀がいい」とか、「マリーはそれが欲しい」といった言葉を口にすることに関する記述を読む際には、以下の点に注意をはらって下さい。すなわちここでは、子どもがどれだけ早い時期に「私」という言葉を使うか、ということよりも、子どもがいつ「私」という言葉をそれに対応した観念に結びつけるか、ということのほうが重要な意味をもっています。ときには、まわりのおとなが「私」という言葉を使っているのを聞いて、子どもが「私」についてのはっきりとした観念をもたないまま、この言葉を使うこともあるかもしれません。しかしたいていの場合は、子どもはもっとあとになってから「私」という言葉を使い始めます。それは子どもの成長に関わる重要な事実の、つまり自我の表象が暗い自我の感情のなかから少しずつ発達してきたことの現れなのです。

[42・43ページ]について——私の著書『いかにして高次の世界を認識するか』[2]と『神秘学概論』には、「イントゥイション Intuition」の本来の本質について記述してあります。このような点によく注意をはらわないと、本書をお読みになる方は、この二つの本のなかで述べられているイントゥイショ

ンという言葉と本書の四二ページのイントゥイションという言葉は意味として食い違っているのではないか、と考えるかもしれません。イントゥイションをとおして霊の世界から超感覚的な認識の前に完全な現実として現れるものは、もっとも低次の開示においては、霊我の前に、人間の感覚がとらえる物質的な外界の存在のように姿を現すのです。

［57ページ以下］について――「霊の再受肉と運命」に関して補足説明を加えておきます。この章の記述を読むにあたっては、以下の点を考慮して下さい。この章で筆者は、ほかの章を記述する場合のように霊学的な認識に目を向けるのではなく、思考をとおして人間の人生の歩みを追っていくことによって、「何度も繰り返される地上の人生は、どの程度まで人間の人生と運命のなかに反映されているのか」ということに関する観念を作り上げることを試みています。当然のことながら、このような考え方は、一回ごとの人生のみに注目する通常の考え方だけが「しっかりとした根拠」に基づいている、と考える人にとっては、いかがわしいものに思われるに違いありません。しかしながら本書をお読みになる方には、次のような点に注意をはらっていただきたいと思います。すなわち筆者は、このような記述をとおして、「通常の考え方をする限りは、人間は人生の歩みの基盤となっている事柄を認識できない」ということを証明しようとしているのです。私たちは、通常の考え方と食い違っているように思われるような、別の考え方を探さなくてはなりません。思考に基づく観察方法を、物質的なもののなかで生じるプロセスだけではなく、魂的にとらえることができる事

象のプロセスにも適用することを拒む人は、このような別の考え方を探求することはできません。このような人は、たとえば、「自我が運命と出会うときの感覚は、人間の記憶が、記憶している過去の体験と類似した新しい体験と出会うときの感覚と似ている」という事実に注目することはありません。しかし、人間は運命の打撃を実際にどのように体験するのか、ということを解明しようとするとき、私たちは、「外界に目を向けている限り、人間は運命の打撃と自我の生き生きした関係を見失い、このような実際の体験をとらえることができなくなる」ということに気づきます。外界のみを観察するとき、運命の打撃は偶然の産物か、外界からやってくる必然性のように思われます。もちろん場合によっては、今回の地上の人生のなかに初めて入り込んできて、その結果をのちの地上の人生において生み出すような運命の打撃も存在します。そのため、このような特殊なケースのみにあてはまる事柄を一般化し、そのほかの可能性は考慮しないでおこうとする誘惑も、いっそう大きなものになります。人生のさまざまな経験をとおして、ある特定の事柄について思考できるようになったときに、ようやく私たちは、このような特殊なケース以外の可能性にも注意をはらうようになります。たとえばゲーテの友人であったクネーベル(3)は、このような事柄に関して、ある手紙のなかで次のように述べています。

「よく観察してみると、ほとんどの人間の人生には、ある一定の計画が与えられていることがわかります。この計画は、当人の本性や周囲の状況をとおして、その人間にあらかじめ準備されています。人生の状態はさまざまに変化することもありますが、最後には一つの全体像が姿を現し、私たちはこの全体像のなかに、一定の調和を認めることができるのです。
隠れて作用する特定の運命の手は、正確にその姿を現します。運命の手は、外面的な作用や内面的な動きをとおして活動することがあります。たがいに食い違う要因が、それぞれの性質に従って作用することもよくあります。このようなプロセスはとても錯綜しているように見えることもありますが、それでもそこには、つねに一定の動機と方向が姿を現すのです[4]」

その基盤となっている魂の体験に注意をはらおうとしない人は、このような考察に対して、容易に反論を加えるかもしれません。しかし筆者は、本書において繰り返される地上の人生と運命について記述することによって、人生を作り上げている要因について考えるための枠組みを示すことができた、と信じています。筆者は本書において、「これらの考え方がめざしている見解に関しては、『おおまかに』説明することしかできない。このような考え方は、霊学によって見出される事柄を受け入れるための思考に基づく準備になる」と述べました。このような思考による準備は内面的な魂の行為です。その影響について誤解したり、何かを証明しようとしたりしないで、魂を「訓練」することだけに専念するならば、私たちはこのような内面的な魂の行為をとおして、あらかじめ準備をしておかなければ馬鹿げたもののように思われる認識を、偏見をもたずにすなおに受け入れることができるようになります。

［98ページ］について——本書の「認識の小道」の章で触れた「霊的な知覚器官」に関しては、私の著

書『いかにして高次の世界を認識するか[5]』と『神秘学概論』でさらに詳しく解説してあります。

〔126ページ〕について――霊の世界には「物質的な世界に見られるような静止状態や、一箇所における停止状態」は存在しないからといって、霊の世界はいつもせわしなく安らぎのない状態に置かれていると考えるのは正しくありません。確かに霊の国には「活動する存在の原像」が存在し、「一箇所における静止状態」は見出されませんが、それでも霊的な種類の、活動的な動きと調和する安らぎは存在しています。この安らぎとは、霊の穏やかな満足感や至福感であり、それは不活発な状態のなかにではなく、行動そのもののなかに姿を現すのです。

〔131ページと134ページ〕について――「意図」という言葉は宇宙進化を駆り立てる力をいい表すためにもちいられていますが、この場合、私たちは、このような力を人間的な意図のようにイメージしたいという誘惑に陥りやすくなります。このような誘惑に陥らないようにするためには、私たちは人間的な世界の領域から借りてきた言葉に出会うときに、そこから言葉の高次の意味を汲み取るようにしなくてはなりません。この高次の意味において、狭く限定された人間的な事柄と関わる要素はすべて言葉から取り去られ、そのかわりに言葉は、私たちが自己を超越するときにとらえることができるような意味あいを帯びるようになります。

［132ページ］について――「霊的な言葉」に関しては、私の『神秘学概論』のなかでさらに詳しく解説してあります。

［149ページ］について――「人間は永遠性をよりどころとして未来への方向を決定します」という箇所は、死と新たな誕生のあいだの時期に、人間の魂が体験する状態の特別の性格について述べています。物質的な世界で人生を生きるときに人間を襲う運命の打撃は、物質的な人生の魂の状態から見ると、人間の意志に完全に逆らっているように思われることがあります。死と誕生のあいだの人生においては、運命の打撃を体験するように人間を導く、意志と似た力が魂のなかで作用します。人間の魂は、自分自身のなかに過去の地上での人生から継承された欠点が残っていることを知っています。それは、美しくない行為や思考から生まれる不完全さです。死と誕生のあいだの時期には、このような不完全さを清算しようとする、意志に似た衝動が人間の魂のなかに生じます。そのため人間の魂は、次の地上での人生においてあえて不幸のなかに自分を突き落とし、この不幸を体験することによって不完全な部分を清算しようとする意図を、その本質のなかに受け取ります。地上で物質体のなかに生まれ、運命の打撃に襲われるときには、人間の魂は、誕生以前に純粋な霊的生活を営んでいた頃に、この運命の打撃を体験するような未来の人生を自分で選び取ったことを覚えていません。したがって地上の人生の観点から見ると、人間がまったく望んでいないように思われる体験も、超感覚的な観点から見ると、人間の魂自身が望んでいることがわかります。「人間は永遠

性をよりどころとして自分自身の未来を決定するのです」

〔164ページ以下〕について――「思考の形態と人間のオーラについて」は、誤解を招きやすい章です。敵対感情をもっている人びとは、このような記述を読むときに、異論をはさむのにうってつけの機会が訪れたと考えることでしょう。敵対感情をもっている人びとは、「霊視者がこのような領域に関して述べている事柄は事実である」ということが、自然科学的な考え方にふさわしい実験をとおして証明されることを求めます。このような人びとは、たとえば次のような実験を要求します。すなわち、「まず、自分はオーラの霊的な要素を見ることができると主張する多くの霊視者に、被験者となる人間の前に立ってもらって、これらの人間のオーラの作用を受け取ってもらいます。次に霊視者たちはそれぞれ、観察の対象となった人間から、どのような思考や感覚のオーラを受け取ったかを報告します。このとき霊視者たちが報告する事柄が相互に一致し、しかも観察の対象となった人びとが本当に霊視者たちがいうとおりの感覚や思考を抱いていたことが判明すれば、私たちもオーラの存在を信じることにしましょう」と、この人びとはいいます。これはまったくの自然科学的な考え方です。しかしながら、ここで私たちは次の点を考慮しなくてはなりません。すなわち霊の探求者が訓練をとおして自分自身の魂の霊視能力を育成するとき、その目的は、このような霊視能力を獲得することにあります。「個々の場合において、霊的な世界のなかである事柄を知覚することは可能なのか。あるいは、霊的な世界のなかに何を知覚することができるのか」ということは、

霊の探求者自身には決められません。それは贈り物として、霊的な世界から霊の探求者のほうに流れ込んでくるのです。霊の探求者は力ずくで、この贈り物を手に入れることはできません。霊の探求者は、この贈り物が与えられるまで待たなくてはなりません。自分で霊的な知覚を生み出そうとする霊の探求者自身の意図が、霊的な知覚が出現するための要因の一つになることはありません。自然科学的な考え方に基づいて実験することを要求する人びとはまさにこのような意図を抱いているのですが、実際には、霊的な世界はどのようなものによっても命令されることはないのです。もし霊的な事柄に関する実験が成立するとしたら、その実験は霊的な世界そのものによって行われなければならないでしょう。その場合にはこのような霊的な世界において、ある霊的な存在が、一人あるいは数人の人間が考えている内容を、一人あるいは数人の霊視者の前に出現させようという意図を抱かなくてはなりません。そのとき霊視者たちは「霊的な衝動に駆られて」、観察を行うために一つの場所に集められます。このとき霊視者たちが報告する事柄は、相互に完全に一致することでしょう。純粋な自然科学的な思考をする人は、このような事柄をすべてばかげた説だと考えるかもしれませんが、事実はまさにここで述べているとおりなのです。霊的な「実験」が、物質的な実験と同じような方法で成立することはありません。たとえば見知らぬ人物の訪問を受けたとき、霊視者がこの人物のオーラを観察しようと安易に試みることは許されません。しかし霊視者は、オーラが出現するための要因が霊的な世界のなかに存在するときには、オーラを見ることができるのです。

ここで、ごく簡潔に、先に挙げたような異論に含まれている誤解に関して、本書をお読みになる方の注意を呼び起こしておきたいと思います。「人間はどのような方法によって、オーラを霊視できるようになるのか。人間はどのような方法によって、オーラが実在することを自分で確認できるようになるのか」ということについて説明することが霊学の課題です。ですから霊学は、認識しようとする人間に対しては、「霊視するための条件をあなた自身の魂のために整えるならば、あなたは霊視できるようになるでしょう」と答えることしかできません。確かに先に挙げたような、自然科学的な考え方をする人が要求する事柄が本当に実現するならば、これほど楽なことはありません。しかしこのような要求をする人間は、実際には、霊学のもっとも基本的な成果について本当は何も知らない、ということを示しているだけなのです。

本書の「人間のオーラ」についての記述は、「超感覚的なもの」に関するセンセーショナルな事柄を好む人びとを喜ばせるために書かれたわけではありません。センセーショナルな事柄を喜ぶ人びとは、霊的なものに関して、感覚的なものと同じような方法でイメージできる事象や、通常の表象を保持したまま感覚的なもののなかに快適に留まることができるような事象と出会ったときに、これが「霊」である、という説明を受けると満足します。一六四ページ以下で、筆者がオーラの色彩をイメージするための特別の方法に関して述べた箇所をよく読んでいただければ、このような記述が誤解されることはなくなることでしょう。また、このような領域に関して正しく洞察したいと思うならば、私たちは、「人間の魂は、霊的な事象や魂的な事象を体験するときには、必然的に霊的な（感覚的でない）オーラを直観することになる」ということも知っておかなければなりません。

もしこのように直観しないならば、その人が体験する事柄は無意識のレベルに留まり続けることになります。イメージ的な直観と私たちが内面において霊的・魂的に体験することは同じではありませんが、それでも私たちは、私たちが内面において霊的・魂的に体験する事柄はこのようなイメージ的な直観においてふさわしい形で表現される、ということも理解しておかなくてはなりません。この場合、このようにして現れるイメージ的な直観は、私たちの魂によって好き勝手に生み出されるのではなく、超感覚的な知覚のなかでおのずと形成されるのです。

モーリッツ・ベネディクト(6)がその著書『ロッドと振り子の理論』を執筆した場合のように、自然科学者が必要に迫られて、ある種の「人間のオーラ」について語ることは、現在では承認されています。

「少数ですが、暗闇で目が見える特性をもった人間がいます。この少数の人間のうち、ほとんどの人は暗闇のなかで、色のないたくさんの物体を見ます。暗闇のなかで色のついた物体を見ることができる人は、ほんのわずかです。

実験を行うために、暗闇で目が見える二人の典型的な人物に、私の暗室のなかで、多くの学者と医師を観察してもらいました。その結果被験者となった学者や医師が、『この二人の人間の観察し、描写した事柄は正しい』という点に関して、正当な根拠に基づいた、何らかの疑念を抱くことはありませんでした。

暗闇のなかで色彩を知覚する人間は、前面の額と頭頂の部分に青を、残りの部分の右半分にも青を、さらに左半分には赤を（かなりの数の人はオレンジがかった黄色を）見ます。後ろから観察するときも、同じような色彩の分布が現れます[7]」

しかし人びとは、霊の研究者が「オーラ」について語ることは、自然科学者がオーラについて述べる場合ほど、簡単には承認しないでしょう。筆者はここで、このようなベネディクトの記述に対して立場を明確にするつもりはありませんし（確かにこの記述は、現代の自然科学の理論のなかではきわめて興味深いものの一つなのですが）、多くの人が望むように、霊学を自然科学によって「弁護して」もらう安易な機会をとらえようとしているわけでもありません。筆者はここで、場合によっては自然科学者は霊学が伝える事柄といくらかは似かよった主張をすることもある、ということを示したかっただけなのです。ただし、本書に述べられているような人間が霊的にとらえるオーラは科学者が物質的な手段をもちいて研究するオーラとはまったく異なっている、ということは強調しておく必要があります。当然のことながら、「霊的なオーラ」をうわべだけの自然科学の手段をもちいて研究することができる、と考えるならば、人間は大きな誤謬に陥ることになります。認識の小道をたどることによって身につけた霊的な直観をとおしてのみ、人間は霊的なオーラをとらえることができるようになります（認識の小道に関しては本書の最後の章で述べました）。もし人びとが、「人間が霊的に知覚する現実は、人間が感覚的に知覚する現実と同じ方法で証明されるべきである」ということを認めるならば、このような考えは誤解に基づいているといわなくてはなりません。

訳註

第六版に寄せる序文

（1）一九一四年の七月・八月に、第一次世界大戦が勃発したことをさしています。

第三版に寄せる序文

（1）ゲーテ（一七四九年―一八三二年）の『箴言と省察』の「芸術と古代」からの引用です。

はじめに

（1）一七六二年―一八一四年。ドイツ観念論の哲学者で、イエナ大学の教授を務めたあと、ベルリンに移り住みました。哲学者としてのフィヒテの功績は、自我の問題に徹底的に取り組み、「絶対的自我」に関する考察を、自己の絶対的自由の活動性と結びつけながら、宇宙的なものにまで高めたところにあります。「知識学」と名づけられたフィヒテの哲学は、若い頃のシュタイナーに大きな影響を与えました。

（2）フィヒテの『ヨハン・ゴットリープ・フィヒテによる知識学、超越的論理学、意識の事実に関する序説についての講義』（ボン、一八三四年）四ページからの引用です。

（3）前註と同じページからの引用です。

人間の本質

（1）ゲーテによる論文「客観と主観の仲介者としての実験」からの引用です。この論文はゲーテがみずからの自然研究の基本的な方法について述べたものとして、よく知られています。

(2)カール・グスタフ・カルス(一七八九年―一八六九年)はドイツの自然科学者・医者・心理学者で、風景画家としても活躍しました。この引用は、『自然と精神の認識のオルガノン』(ライプツィヒ、一八五六年)八九ページ以降からのものです。

(3)体《たい》(独Leib・英body)という言葉は、人間を霊・魂・体の三つに分けた場合のもっとも下位の構成要素をさします。この体を三分割すると、物質体・エーテル体・魂体になります。つまり体《たい》とは、語尾に「体」の字がつく構成要素の総称だということになります。またアストラル体は、このあとで説明されているように、魂体と感覚魂が一体となったものをさすため、感覚魂に由来する魂的な性質のほかに、魂体の体としての傾向も帯びることになります。なおこの次の章で詳述されているように、体としての物質体・エーテル体・魂体の性質は遺伝によって伝えられます。

(4)フルネームはゴットホルト・エフライム・レッシング(一七二九年―一七八一年)。ドイツ啓蒙主義の代表的な劇作家・批評家で、美学論文の『ラオコーン』や戯曲『ミンナ・フォン・バルンヘルム』などがよく知られています。ここで引きあいに出されているレッシングの言葉は、一七八八年の『再々抗弁(*Eine Duplik*)』の内容をシュタイナーがいいかえたものです。

(5)本名はヨハン・パウル・フリードリヒ・リヒター(一七六三年―一八二五年)。ドイツ・ロマン派を代表する小説家で、『巨人』などの長大な作品を書いたことで知られています。シュタイナーはかつて文芸批評家をしていた頃、ジャン・パウルの著作集の編集にたずさわったことがあります。

(6)ジャン・パウルの著書『ジャン・パウルの人生の真実　ジャン・パウル自身によって書かれた子ども時代』(ブレスラウ、一八二六年―一八二八年)第一冊五三ページからの引用です。ただしテクストには、シュタイナーによって若干手が加えられています。

(7)高次の認識の段階には、イマジネーション認識・インスピレーション認識・イントゥイション認識の三つがあります。本書でもちいられるイントゥイションという言葉は、「直観Anschauen」と同じような意味を含むだけではなく、同時に低いレベルでのイントゥイション認識をもさしています。この点に関しては、本書二一三―

二一四ページを参照して下さい。

（8）『ダス・ライヒ』はアレクサンダー・フォン・ベルヌスによって刊行された雑誌の名前です。ここでシュタイナーが言及しているのは、一九一六年と一九一七年に『ダス・ライヒ』に載せた「死と新しい誕生のあいだの状態についての認識」というエッセイです。このエッセイは現在シュタイナー全集第三十五巻『哲学とアントロポゾフィー』に収録されています。

霊の再受肉と運命

（1）「過ぎ去りゆくもの das Vergängliche」と「持続するもの das Dauernde」は本書に繰り返し登場する重要な概念なので、ここで補足説明を加えておきます。物質はすべて、生成して死滅するという運命に従います。物質はけっして一つの状態に留まることはなく、現在存在しているものも、時間がたてば姿を消すことになります。この意味において、物質は過ぎ去りゆくものです。一方、霊は生まれることも死ぬこともなく、永遠に持続し続けます。この意味において霊は持続するもの、つまり永遠なるものです。そしてこのような過ぎ去りゆくものとしての物質と、持続するものとしての霊を媒介するのが魂です。このような過ぎ去りゆくものと持続するもの（永遠性）をめぐる問題に関しては、シュタイナーは本書の前に発表された、『秘儀の事実としてのキリスト教と古代の秘儀』（一九〇二年）のなかで詳細に論じています。

（2）グレゴール・ヨハン・メンデル（一八二二年—一八八四年）はオーストリアの植物学者で、遺伝の法則を発見し、その後の遺伝学の基礎を築きました。

（3）フリードリヒ・シラー（一七五七年—一八〇五年）はドイツ古典主義の詩人・劇作家で、ゲーテとの交友関係はよく知られています。シラーの『人間の美的教育について』は、シュタイナーに大きな影響を与えました。

（4）ゲーテの『温和なクセーニエン』Ⅵ・32からの引用です。

（5）フルネームはヴォルフガング・アマデウス・モーツァルト（一七五六年—一七九一年）。オーストリアの作曲家で、少年時代から神童と呼ばれるにふさわしい卓越した音楽の才能を示し、交響曲、協奏曲、オペラ、室内楽などの多彩なジャンルに、数多くの傑作を残しました。

（6）直接の引用ではありませんが、ゲーテの詩『きょうだい（*Die Geschwister*）』を踏まえているものと考えられます。

（7）魂が物質体と結びついて営む「第一の生活」に対して、魂が霊と結びついて営む生活は「第二の生活」と見なされます。

（8）ここまでの数行は意味が取りにくいので、補足説明を加えておきます。一回ごとの地上の人生は、基本的に、人間が行為を行うことに専心するのにふさわしいように作られています。人間は地上で生きているあいだは、もっぱら行為を行うことに集中し、この行為の結果を今回の人生の範囲内で受け取ることはありません。地上の人生において、行為を行うとき、人間は行為のきっかけとなる特定の性質を備えていますが、この性質が保持されているあいだは、人間は行為の結果を受け取ることはないのです。しかし人間が一度死んで、ふたたび地上に生まれると、人間の自我は、前回地上で行為を行っていた頃に備えていた性質を失っています。このような状態になったときに初めて、人間の自我は前回地上に生きていたときに行った行為の結果を体験することになるのです。

三つの世界

（1）フルネームはルドルフ・ヘルマン・ロッツェ（一八一七年―一八八一年）。ドイツの医師・哲学者でライプツィヒ、ゲッティンゲン、ベルリンなどで活躍しました。

（2）ロッツェの著書『心理学の基礎』（ライプツィヒ、一八九四年）一九ページ以下からの引用です。

（3）ゲーテの『色彩論』序文からの引用です。

（4）以下に「魂の形成物」という表現が繰り返し出てきますが、このような魂の形成物は、実質的には共感・反感などの人間の魂の営みをとおして、魂の世界のなかで活動します。魂の形成物は、人間から独立した存在として、好き勝手に魂の世界のなかを動きまわっているわけではありません。以下の魂の形成物に関する記述を読む際には、人間自身がこれらの形成物を生み出している、ということをたえず念頭に置くようにすると、イメージしやすくなります。なお「形成物」という言葉は、霊の国の上位の領域に属する萌芽が、霊の国の下位の領域や魂の世界に移され、ふさわしい形に形成されたもののことをさしています。

（5）先に述べられているとおり、第五から第七までの領域において、魂の形成物は高次の形態を備えた魂的な実体によって照らし出され、「ようやく本当の意味での魂の生活に目覚めます」。もしこのように照らし出されることがなかったら、魂の形成物はそれまで暗闇のなかで営んできた「鈍い生活」を続けることを余儀なくされ、「内面において自分自身を見失って」しまうことになります。

（6）この箇所の訳文は、訳者の判断により、本書の第十九版から第二十六版までのテクストに従っています。初版から第十七版、および第二十七版以降のテクストでは、「体が魂と霊から解放されるのである」となっています。

（7）ヴェーダに基づくヒンズー哲学で、ウパニシャッド哲学とも呼ばれます。その基礎となっているのは、宇宙の唯一絶対の究極原理（ブラフマン）と個人の自我（アートマン）の一致を追求する、汎神論的な一元論です。

（8）ヨハネス・ケプラー（一五七一年—一六三〇年）はドイツの天文学者で、惑星運動に関するケプラーの法則がとくに有名です。

（9）ケプラーの著書『新しい天文学 *Astronomia Nova*』（Pars II, Cap. VII）の註解からの引用です。

（10）シェイクスピアの『ハムレット』第一幕第五場を踏まえています。

認識の小道

（1）プラトン（前四二九—前三四七）は古代ギリシアの哲学者でソクラテスの弟子であり、アリストテレスの先生です。プラトンの思想はキリスト教神学と西洋哲学に大きな影響を与えました。プラトンがアテネ近郊に設立した学院がアカデメイアです。

註解と補足

（1）オスカー・ヘルトヴィヒ（一八四九年—一九二二年）はドイツの天文学者です。ここでシュタイナーが言及している本は、一九一六年にイエナで刊行されました。

（2）正確には『いかにして高次の世界を認識するか』そのものではなく、その続編として構想された、『高次の認識の段階』の「インスピレーションとイントゥイション」をさしています。

（3）フルネームはカール・ルートヴィヒ・クネーベル（一七四四年―一八三四年）。ワイマールの宮廷の教育係を務め、シラーによって刊行された雑誌『ホーレン』の編集にもたずさわりました。

（4）『K・L・v・クネーベルの文学に関する遺稿と手紙』（ライプツィヒ、一八四〇年）第三巻四五二ページからの引用です。

（5）この場合は、『高次の認識の段階』ではなく、『いかにして高次の世界を認識するか』そのものをさしています。

（6）一八三五年―一九二〇年。医学者で犯罪人類学者です。

（7）『ロッドと振り子の理論』（ウィーン、一九一七年）一七ページからの引用ですが、テクストにはシュタイナーによって若干手が加えられています。「ロッド（占い棒）」と「振り子」は、水脈や鉱脈を探すダウジングにもちいられる道具のことです。

訳者解説　『テオゾフィー（神智学）』について

ルドルフ・シュタイナー（一八六一年―一九二五年）のもっとも重要な著作の一つである『テオゾフィー（神智学）』は、二十世紀初頭の一九〇四年にドイツで刊行されました。

シュタイナーの全著作のなかで、『テオゾフィー』は、それまで書かれてきた一般的な学術書と、それ以降の霊学に関する著作群とを、大きく二つに分ける境界線上に位置しています。一八八〇年代から九〇年代にかけて、シュタイナーは哲学やゲーテの自然科学に関する主要な著作を発表していますが、この時点では、シュタイナーは霊的な事実について直接記述することはありませんでした。二十世紀に入ってから発表された『近代の精神生活の始まりにおける神秘主義と現代の世界観に対する関係』（一九〇一年）と『秘儀の事実としてのキリスト教と古代の秘儀』（一九〇二年）のなかで、シュタイナーはようやく霊的な内容について述べ始めますが、この二冊の著作においてもなお、霊学の全貌は完全には姿を現していません。そしてそれに続く『テオゾフィー』（一九〇四年）にいたって、シュタイナーは初めて、霊学的な世界観の核心を公開したのです。ほぼこの時期を境にして、シュタイナーは、『いかにして高次の世界を認識するか』（一九〇四／〇五年）、『アカシア年代記より』（一九〇四／〇八年）、『神秘学概論』（一九一〇年）など、霊学に関する著作やエッセイを次々と発表するようになります。

当然のことながら、このような著作活動の変遷は、シュタイナーの人生の歩みと密接に結びついています。一八九九年までのシュタイナーは、学者として、一部の限られた人びとのあいだで評価される程度であり、一般にはほとんどその名前が知られることはありませんでした。しかし一九〇〇年にテオゾフィー（神智学）運動と関わるようになってからは、シュタイナーは、講演活動等をとおしておおやけの場にさかんに姿を現すようになり、一九〇二年には、請われて、テオゾフィー協会のドイツ支部の事務総長を引き受けることになります。これ以降のシュタイナーの活躍ぶりには、それまでの人生の歩みと比較してみると目を見張るべきものがあり、私たちは、まさに二十世紀という時代がシュタイナーの登場を待っていたかのような印象を受けます。『テオゾフィー』は、このようなシュタイナーの活動の最初の成果として世に出たのです。

『テオゾフィー』というタイトルを目にすると、私たちはどうしても、当時シュタイナーが属していたテオゾフィー（神智学）協会とのつながりを連想しないではいられません。確かにもちいられる用語等に関していえば、『テオゾフィー』はそのほかのテオゾフィー文献と共通するところがあり、表面的に見る限り、私たちは、この本はテオゾフィー協会で唱えられていた教義について解説した書物であるかのような印象を受けます。もしそうなのだとしたら、『テオゾフィー』は、テオゾフィー協会というグループに属している人たちにとってのみ価値がある本であり、現代という時代を生きる私たちにはほとんど関わりのない本だということになりかねないのですが、実際にはこの本は、当時のテオゾフィー運動の枠内にはとうてい収まりきらない、霊的な意義を担っているのです。

まず私たちは、テオゾフィーという言葉がもちいられてきた歴史をはっきりととらえる必要があります。テオゾフィー Theosophie という言葉は、theos（神）と sophia（知恵）という二つのギリシア語を結合させたものであり、本来の意味としては「神の知恵」を意味します。『テオゾフィー』の「はじめに」の章においてシュタイナーは、テオゾフィーは、昔から「人間に対して自己の本質と使命を明らかにする、感覚的なものを超越した知恵」を意味するためにもちいられてきた言葉であり、とくに「人間の人生と宇宙における霊的な事象に関する考察」に関しては「霊学（精神科学）Geisteswissenschaft」という用語が適用されることを明言しています。歴史的に見ても、霊的な真理を探求する学問としてのテオゾフィーは、十九世紀にブラバツキーらによってテオゾフィー協会が設立される以前から、ヨーロッパに広まっていたことがわかります。たとえば十八世紀には、ドイツのバーデンやヴィッテンベルクにおいてテオゾフィーはキリスト教と結びつけながら研究されており、ベンゲル（一六八七年―一七五二年）、エティンガー（一七〇二年―一七八二年）などの学者を輩出しています（シュタイナー『イエスからキリストへ』第九講参照）。このことからもわかるように、テオゾフィーという言葉はもともと、テオゾフィー協会という一グループに限定されることのない、霊的な真理を探求する普遍的な学問を表しているのです。

シュタイナーがテオゾフィー協会に協力したのは、まず何よりも、十九世紀という時代にテオゾフィー運動をとおして霊的な真理が初めておおやけにされた、という事実を評価していたからにほかなりません。とくに十九世紀末から二十世紀初頭にかけてのドイツでは、すぐれた霊的な認識を備えている人びとの多くがテオゾフィー運動に関与しており、テオゾフィー協会は、霊的な活動の媒体として重要な役割を担っていました。ですからこの世紀の転換期という時代に限っていえば、霊的な活動を開始するにあたって、シュタイナーがテオゾフィー協会と関わったこと自体は、けっして的はずれな選択ではなかったのです。

ただしテオゾフィー協会内でシュタイナーは、初めから、テオゾフィー協会本部の意向とは異なった、より普遍的な方向をめざして活動していました。シュタイナーとその協力者たちによって構成されていたグループは、テオゾフィー協会のなかでも独自の位置を占め、のちに成立するアントロポゾフィー協会の前段階というべき性格を帯びていたのです。このことは、テオゾフィー協会ドイツ支部で行った連続講演の演題に、シュタイナーがかならず「一つのアントロポゾフィー（人智学）」という表題を付与していたことからも明らかです。

シュタイナーとテオゾフィー協会本部の基本的な考え方の違いは、東洋の霊性に対する態度にはっきりと現れています。テオゾフィー協会本部の人びとは唯物論的な傾向に陥った西欧文明を否定し、過去の東洋の霊性に回帰することに強い憧れを抱いていましたが、シュタイナーは現代人がやみくもに東洋の霊性に立ち返っても、現代文明が直面している危機を乗り越えることはできないと考えました。確かに歴史的に見ると、近代以降の西欧的なものの考え方が唯物論的な自然科学を発達させ、人類を霊的なものから遠ざけ、文明を荒廃させる危険性を生み出したのは事実です。しかしシュタイナーは、唯物論のほうに傾いた西欧文明を簡単に切り捨てるのではなく、むしろ西洋の霊性と積極的に関わり、西欧のなかから生まれた自然科学を霊的に再生させることこそ重要である、と説いたのです。

とくにテオゾフィー協会の一部のメンバーのあいだに広まっていた心霊主義的な傾向に対してはシュタイナーは強い警戒感を抱いていました。シュタイナーは隠秘学的な伝承や導師による指導を盲信する態度をいっさい認めず、各人が、自分自身の思考能力をもとに霊的な探求を行うことを求めました。とくにシュタイナーは、霊的な事象の研究に際しては徹底して科学的な厳密さを貫くことを強調し、テオゾフィー協会本部が認める教義とはまったく異なる姿勢を打ち出したのです。

このようにしてシュタイナーのグループと、テオゾフィー協会本部の人びととは次第に対立を深めるようになり、アニー・ベサントを初めとするテオゾフィー協会本部の一部のメンバーたちが、あるインド人少年をキリストの生まれ変わりとして崇拝し始めたときに、ついに両者の決裂は避けられないものとなりました。あらゆる宗教を同等に扱い、東洋的・インド的な霊性への回帰を唱えるテオゾフィー協会の人びとに対して、シュタイナーはキリストによるゴルゴタの秘儀を人類史上決定的な意味をもつ出来事と見なし、キリストはただ一度だけ地上に降りたのであり、二度と人間として地上に現れることはない、という立場を貫いたのです。このようなキリストに関する考え方の違いが表面化したのをきっかけに、シュタイナーはアニー・ベサントらと決別し、テオゾフィー（人智学）協会ドイツ支部のほとんどすべての成員とともに、一九一三年に新たにアントロポゾフィー（人智学）協会を設立することになります。テオゾフィー（神智学）協会とアントロポゾフィー（人智学）協会の分裂は、過去の東洋の霊性によりどころを求めようとする人びとと、二十世紀以降の人類に求められている新しい霊的な要請をすすんで受け入れようとする人びとの考え方の違いを明確に示す、象徴的な出来事だったのです。

このような一連の動きと平行して、シュタイナーは『テオゾフィー』をたびたび改訂し、とくに一九一八年には大幅な増補改訂をほどこしました。さらにシュタイナーは死の三年前の一九二二年にも小規模の改訂を行い、決定版を完成させました。現在スイスのルドルフ・シュタイナー遺稿管理局によって刊行されている『テオゾフィー』の原書は、この一九二二年の決定版に基づいています。シュタイナーは大きな改訂を行うたびに、本書の序文を書き足していきましたが、これらの序文には決定稿が完成するまでの長い道のりが刻み込まれています。そしてこの決定版の序文において、シュタイナーは、『テオゾフィー』のなかに記述されているのは「アントロポゾフィー（人智学）の世界観」であることを明言しました。シュタイナーは、アントロポゾフィーの基本的な世界観について記述された文献として、『テオゾフィー』をはっきりと位置づけたのです。

現在では『テオゾフィー』は、シュタイナーの霊学（精神科学）について学ぼうとする人が最初に手に取るべき入門書として、世界じゅうで広く読まれています。本書のなかには、霊学の基本的な用語や概念に関する解説が数多く含まれています。ですから私たちは、まず何よりも、『テオゾフィー』は霊学の基礎的な知識を学ぶのに格好の本であると考えることができるわけですが、じつをいうと、シュタイナーは単に霊的な事柄についての情報を読者に伝えることのみをめざして、本書を執筆したわけではありません。『テオゾフィー』という本の本当の価値は、内容として盛り込まれている知識そのものよりも、さらに奥深いところにあるのです。

現代のような物質主義の時代において、ごく常識的な現代人に向かって霊的な事柄について解説するのは、容易なことではありません。一般に現代人は、目に見える物質的な現実についてのみ思考することに慣れきっています。現代人の思考は物質的な世界と密接に結びついています。このような現代人が霊学を学ぶためには、まず思考そのものを感覚的な世界から切り離し、超感覚的な世界に向ける訓練をしておかなくてはなりません。すなわち目で見たり、手で触ったりすることはできないにもかかわらず、それでもなお、超感覚的な領域において確実に存在している事柄について思考する訓練をすることが、現代人が魂や霊の世界について認識する上で必要な準備になります。シュタイナーが『テオゾフィー』を執筆した最大の目的は、常識的な現代人が、読書そのものをとおして思考の訓練をすることができるようにすることにあったのです。

『テオゾフィー』という本のこのような特別の性格について、シュタイナーは自伝『私の人生の歩み』の第三十三章のなかで詳細に述べています。

『テオゾフィー』を執筆するにあたって、シュタイナーが何よりも心を砕いたのは、どうすれば一般的な自然科学の方法と矛盾しないような形で霊的な事柄について記述することができるのか、という点でした。シュタイナーは『テオゾフィー』において、いきなり、魂や霊の世界はこのような構造になっている、といった知識を伝えようとはしません。なぜならそのような記述のしかたをすると、科学的な思考方法に慣れた読者のほとんどは拒否反応を示すことになるからです。そのためシュタイナーは、『テオゾフィー』の記述を感覚的な世界の観察から始めます。シュタイナーは、すぐに霊の世界のことを語るのではなく、まず最初に、自然科学と矛盾しないような形で感覚的な世界をより繊細に観察することを試みます。霊的な知識をてっとり早く知りたいと思っている人は、このような論述のしかたをまだるっこしいと思うかもしれませんが、アントロポゾフィーがいわゆる神秘主義やオカルティズムともっとも異なっている点は、自然科学をやみくもに否定するのではなく、むしろその基本的な方法論を尊重するというところにあります。現代人のあいだに広く浸透していくためには、どうしても霊学は、自然科学の思考方法と合致するような形で語られなくてはならないのです。

『テオゾフィー』の本文は、「はじめに」・「人間の本質」・「霊の再受肉と運命」・「三つの世界」・「認識の小道」という五つの章から成り立っています。シュタイナーは、一般的な現代人が抵抗なく霊的な現実に近づいていくことができるように配慮しながら、全体の構成を整えました。ですから私たち読者は、少なくとも一回目は、好き勝手なところから読み出すのではなく、章立ての順番どおりに本書を読んでいく必要があります。

最初の「はじめに」の章では、霊学のもっとも基本的な考え方が提示されます。それを踏まえた上で、第二の「人間の本質」の章では、人類学の観点をさらに深めることによって、人間の物質体の微妙な差異を見わける方法が示されます。たとえば人間の物質体に見られる生命活動をていねいに観察することによって、私たちはエーテル体という概念にたどりつきます。また感覚と知覚に目を向けることによって、私たちはアストラル体を認識します。このようにして私たちは最終的に、九つの構成要素に到達しますが、シュタイナーはこれらの要素について記述する際には、つねに自然科学の成果と関連づけることを忘れません。

第三の「霊の再受肉と運命」の章では、輪廻転生とカルマについて述べられます。輪廻転生は、科学的な思考になれ親しんでいる現代人にはもっとも受け入れにくい概念です。『テオゾフィー』全体のなかで、この章はシュタイナーがもっとも記述に気を配った箇所であり、一九一八年の改訂にあたっては、ほとんど全文が書き改められています。ここでもシュタイナーは、いきなり、輪廻転生とはこのようなものである、という事実を述べるのではなく、人生の歩みを緻密に観察することをとおして、読者が人間と動物の違いを認識し、じょじょに輪廻転生の理念に到達することができるように配慮しています。そしてここでも、シュタイナーは輪廻転生の理念を、可能な限り、感覚的な世界の観察に基づく自然科学の方法と関連づけています。この章は、輪廻転生とカルマというテーマが歴史上初めて西洋的な思考の枠組みのなかで述べられた、という点において画期的な意味をもっています。それまで西洋において輪廻転生やカルマについて説こうとする人は、皆、仏教などの過去の東洋思想を引きあいに出すことしかできませんでした。シュタイナー以前には、自然科学と合致する思考方法に基づいて輪廻転生とカルマについて記述しようとした人は、誰もいなかったのです。ここで提示されたシュタイナーのカルマ論は、アントロポゾフィー的な霊学のもっとも重要なテーマの一つとなり、死の直前まで続けられた『カルマ的関連』についての連続講義へと発展していくことになります。『テオゾフィー』をこの第三の章まで読み進み、感覚的な世界と結びつけながら霊的な事象についての思考を深めていくうちに、読者は高次の認識を行うのに必要な理念を体験することになります。このような体験をとおして、読者のなかの理念は感覚的なものに束縛されている状態から解き放たれ、自立した内面的な生命を獲得するのです。

「読者は解き放たれた理念の生命に気づきます。理念は読者の魂のなかで活動し、作用します。感覚をとおして色彩や音や暖かさの印象を体験するように、読者は理念を体験します。色彩や音などをとおして自然の世界が姿を現すように、体験された理念によって霊の世界が人間に伝えられます」（シュタイナー『私の人生の歩み』GA［全集版 Gesamtausgabe］28、434—435）

あらかじめ、最初の三つの章を読むあいだに生きた理念そのものを体験しておくことによって、読者はようやく第四の「三つの世界」の章で記述されている、魂の世界と霊の国に関する記述を抵抗なく受け入れることができるようになります。最初の三つの章は、この第四の章に入るための準備だったのです。最初の三つの章で必要な訓練をしておいた読者は、ここで、理念をとおして魂や霊の世界をじかに体験することになります。

「アントロポゾフィーの本は、読者の内面的な体験において受け入れられることを目標にしています。……正しい方法で書かれたアントロポゾフィーの本は、読者の霊的な生活を〈目覚めさせるもの〉であり、単なる情報の集まりではありません。アントロポゾフィーの本を読むということは、単なる読書ではなく、内面的な震撼と緊張と解決を伴う体験にならなくてはなりません」（シュタイナー『私の人生の歩み』GA28、435）

シュタイナーは『テオゾフィー』で、霊についての情報や知識を伝えること以上に、読者に理念そのものを体験してもらうことに重点を置いています。そして読者が理念をとおして霊と関わることができるようにするためには、本書の思考の形態そのものが確実で、明確なものでなくてはなりません。そのためシュタイナーは、できる限り、数学の本のような客観的な文体で『テオゾフィー』を記述することをめざしています。読者が霊に関する迷信や偏見を抱くことなく、客観的な事実として確実に霊的な事象をとらえることができるようにするには、シュタイナーはどうしてもこのような文体をもちいる必要があったのです。『テオゾフィー』では、シュタイナーの個人的な感情と関わる要素は極力排除されています。ですから読む人によっては、この本の文体にある種の冷たさを感じるかもしれません。しかし実際には、シュタイナーは読者に、感情的な要素をいっさいまじえないで、あくまで冷徹にこの本を読むことを求めているわけではないのです。むしろシュタイナーは読者が悟性をとおして理解した事柄を、自分自身の内面で暖かい感情に変えることを望んでいます。シュタイナーは、読者が感情的な要素を著者から直接受け取るのではなく、自分自身のなかにみずから暖かい感情を目覚めさせることができるように、あえてこのような客観的な書き方をしたのです。感情的な要素は、読者自身が自分で埋めていくべき余白として、意図的に残されているのです。

最後の「認識の小道」の章では、読者がここまでの四つの章を読むことによって内面に受け入れ、理解した事柄をさらに確実なものにし、実際の人生のなかで生かしていくための方法が記述されています。霊学で伝えられる事柄は、単なる好奇心を満足させるための知識ではありません。霊学を魂のなかに深く受け入れるとき、私たちの人生は霊的なものに変わります。霊的なものの実践の場は、地上からかけ離れた雲のかなたにではなく、日々の日常生活のなかにあるのです。

このように『テオゾフィー』という本を読むとき、読者は自分から積極的に思考することを求められます。

「本書は現代人の習慣的な読書方法に従って読むことはできません。ある意味において、本書をお読みになる方はそれぞれのページや、いくつかの文章に含まれている事柄を、自分で努力して身につけなくてはなりません。……ただ通読するだけでは、本当の意味で本書を読むことは不可能です。読む人は本書の真理を体験しなくてはなりません」（本書「第三版に寄せる序文」）

『テオゾフィー』を読むとき、私たちは一行ごとにたえず立ち止まり、自分自身で考えることを余儀なくされます。しかしこのような努力を続けながら読むうちに、私たちの思考は少しずつ感覚的な世界から離れて、霊的な生きた理念へと近づいていきます。それは、かならずしも楽で快適な道ではないかもしれませんが、「認識の小道」の章でシュタイナーが述べているように、現代人にふさわしい霊的な探求の方法はこれ以外にはありえないのです。

『テオゾフィー』の文体は独特のものであり、シュタイナーのほかのどの著作とも異なっています。たとえば『神秘学概論』もけっして平易な本とはいえませんが、全体が体系立てて記述してあるため、内容を把握するのはそれほど困難ではありません。ところが『テオゾフィー』には、シュタイナーが意図的にわかりにくく書いたのではないかと疑いたくなるような箇所も少なくありません。

もし『テオゾフィー』の文体がもっとわかりやすく、その内容も整理されていたら、私たちが全体を読みとおすのは、はるかに楽になるはずです。しかしその場合には、私たちは霊的な事実について上すべりな知識を得るだけで、「自分自身の思考をとおして、苦労して真理を体験した」という実感をもつことはほとんどないでしょう。現代を生きる私たちにとっては、霊的な知識を表面的に覚え込むことよりも、努力して自分で真理を体験することのほうがはるかに重要な意味をもっています。現代の物質主義的な考え方になじんでいる私たちにとって、思考を感覚的な世界から切り離し、霊的な方向に向けるのはけっして容易なことではありません。いままでの思考の習慣を断ち切るということが、いくらかの苦労を伴わないわけにはいかないのです。しかし『テオゾフィー』を読むことをとおして思考の訓練をすることによって、私たち自身の魂は確実に変化していきます。『テオゾフィー』

は、私たちが霊学の壮大な世界に入っていく前に、どうしても一度はくぐらなくてはならない門なのです。

なぜシュタイナーはこれほどまでに、人間の思考というものを重視したのでしょうか。太古の昔には、人類は現在のような明るい自我意識を備えてはいませんでした。当時の人間は夢見るようなおぼろげな意識状態にあり、魂や霊の世界を超感覚的な現実として、直接知覚することができました。太古の人間にとっては、魂や霊の世界が客観的に実在していることは自明の事実だったのです。

しかしその後、時代がたつにつれて目覚めた自我意識を獲得するようになると、人間はその代償として本能的な霊視能力を失い、霊的な現実を知覚することができなくなりました。人間は明るい意識をとおして物質の世界をはっきりととらえるようになり、それとともに知的な思考能力を急速に発達させていきました。そしてとくに近代以降、人間は物質の世界ととりわけ深く関わるようになり、ついには魂や霊の存在まで否定し、実在するのは物質だけであるとする、唯物論的な考え方を発達させるようになりました。

誤解のないようにいっておくと、シュタイナーは、人間がこのように本能的な霊視能力を失って物質の世界に深く降りたのはよくないことであった、と考えたわけではありません。むしろシュタイナーは、人間が物質と密接に関わるようになったことを、人類の進化のために必要なプロセスととらえました。一度神々の霊的な世界から離れることによって、人間が地上の世界のなかで自立した自我を備えた個人として、真の霊的な自由を確立する可能性が開かれたからです。

このような人類の進化の過程をどのようにとらえるか、という点において、シュタイナーは、心霊主義や神秘主義を唱える同時代の人びととはまったく考えを異にしていました。たとえば、心霊主義的な傾向に陥ったテオゾフィー協会本部の人びとは、人類が霊的な世界と一体であった過去の時代に憧れるあまり、人間の自我意識を軽視する傾向があり、霊的な世界の探求に際しては霊媒をトランス状態に陥らせて霊の世界と交信させる方法を重んじたわけですが、シュタイナーは夢見意識に基づく霊との交信方法は古代人においてのみ許されたものであり、一度目覚めた自我意識を獲得してしまった現代人には有害な影響しか及ぼさない、と説いたのです。もはや人類は、進化の方向を逆に戻すことはできません。すでに本能的な霊視能力を失ってしまった現代の人間にとって、霊的な探求の唯一確実なよりどころとなるのは思考の力だけなのです。現代の人間が進化のプロセスに沿った正しい方法で霊的な探求を行うためには、明るい自我意識を保ちながら、思考をよりどころとして魂や霊の世界に足を踏み入れる以外に道はありません。

では、私たちはなぜ思考をとおして霊をとらえることができるのでしょうか。それは、本来思考と霊は同じものだからです。通常の場合に私たちが体験する、感覚的な世界と結びついた思考は真の思考の影のようなものでしかありません。真の思考は霊の世界で、現実的な実体として存在しています。このような本当の思考を体験するためには、私たちは『テオゾフィー』のような霊学の本を読むことをとおして、思考を物質的な現実から自由にする訓練をしなくてはなりません。思考を感覚的な世界から解き放つとき、私たちの魂は実際に霊的な世界で活動するようになります。このように本当の意味で思考するとき、私たちはすでに、もっとも確実な方法で霊そのものを体験していることになるのです。

思考とは世界そのものを構成している実体です。物質の世界も、魂の世界も、霊の世界も、その本質は霊、すなわち思考なのです。たとえば物質の世界は霊が濃密化することによって生み出されました。物質の世界の法則（物理的な法則）とは、霊の世界の法則が目に見える現実のなかで姿を現したものです。このように物質の世界には霊の法則が浸透しているため、私たちは思考をとおして、現象のなかから物理的な法則を抽出することができます。また同様に魂の世界も、霊の世界も、霊的な法則によって支配されているため、私たちは思考することで、魂や霊の法則をとらえることができるのです。

思考は、物質の世界と魂の世界と霊の世界のすべてに浸透しています。ですから地上で思考するとき、私たちはすでに、実際に霊の世界に足を踏み入れていることになるのです。

魂や霊の世界は、けっしてでたらめに構成されているわけではありません。

魂や霊の領域においては、思考としての霊が一定の法則に従って、秩序ある世界を作り上げています。物質的な世界が一つの動かしがたい現実として存在しているように、魂や霊の世界にも、一つの定まった現実があります。たとえば『テオゾフィー』でシュタイナーが記述しているとおり、霊の世界には、物質の世界の陸地や海や川や大気に相当するものが存在しています。そして霊の世界の構成要素が思考である以上は、私たちは感覚的な世界から自由になった純粋な思考をとおして、これらの霊的な現実を追っていくことができるのです。

『テオゾフィー』に書かれている、このような霊の世界についての記述を読むとき、おそらく多くの方が、シュタイナーはこれらの事実をどのようにして知ったのか、という疑問を抱かれることと思います。

『テオゾフィー』に記述されている事柄は、シュタイナーが過去の神秘学文献のなかから学び取ったわけでもなければ、自分勝手に空想したわけでもありません。驚くべきことに、シュタイナーはこれらの霊的な事実をすべて、自分自身の霊視能力をもとに体験し、思考の営みをとおして一つひとつ確認していったのです。

事実、本書の冒頭には次のように書かれています。

「本書の筆者は、このような領域における経験そのものによって証拠を示すことができないような内容については、記述することはありません。このような考え方に沿って、筆者は自分で体験した事柄だけを本書のなかに記述することにします」（本書「第三版に寄せる序文」）

少年時代から霊視能力を備えていたシュタイナーにとって、霊的な世界には確固とした動かしがたい現実がある、ということは自明の事実でした。自分自身の霊視能力をもちいて確実に霊的な世界を体験することができたシュタイナーは、かえって心霊主義的なものには関心を示さず、若い頃から哲学や自然科学に強い興味をもち、これらの学問の思考方法を身につけることに力を注ぎました。シュタイナーにとって、自分自身の霊的な体験と自然科学はまったく矛盾するものではありませんでした。なぜなら思考の本質とは霊にほかならないため、科学で重んじられている厳密な思考方法は霊の世界の法則そのものと合致しているからです。自然科学の研究方法はそれ自体、霊的な世界の秩序を反映しているのです。若き日のシュタイナーにとっては、自分自身の霊的な体験と科学をどのようにして結合させるか、ということが最大の関心事でした。そしてこのような道を探り続けるうちに、シュタイナーはゲーテの自然科学と出会い、大きな影響を受けることになります。シュタイナーは、有機的なものを取り扱う新しい科学のあり方を提示したゲーテの業績のなかに、未来の科学が唯物論的な限界を乗り越えていくための出発点を見出したのです。二十代から三十代にかけての時期に、シュタイナーはゲーテの研究に没頭し、一八九〇年代には有名なワイマール版ゲーテ全集の自然科学篇の編集にたずさわることになります。このような学者としての一連の活動は、「自然科学の方法による魂の観察の結果」という副題がつけられた『自由の哲学』（一八九四年）という書物に結実しました。シュタイナーはこの本のなかで、自然科学の方法をもとに超感覚的な世界を認識し、思考そのものをとおして霊を体験する方法を提示しています。シュタイナーは思考の本質それ自体をつきつめることによって、霊的な領域を取り扱う、新しい科学の認識論的な基盤を構築しようとしたのです。

このような『自由の哲学』で提示された方法をさらに発展させた本が、十年後に刊行された本書、『テオゾフィー』です。『テオゾフィー』は、自然科学の方法をもとに魂や霊の世界についての具体的な事実を記述した、史上初めての書物になりました。本書においてシュタイナーは、自分自身の霊視能力をとおして体験した霊的な事実だけを述べる、という基本的な原則を貫いています。シュタイナーは徹頭徹尾、自分で確認した魂や霊の世界の事実について客観的に記述することに専心しています。事実に基づく厳密な思考を重んじる限りにおいて、『テオゾフィー』は自然科学の本と何ら異なるところはないのです。

このように、初めて霊的な事象が現代人の意識状態にふさわしい新しい表現方法で記述された、という点において『テオゾフィー』は人類史上決定的な意味をもっています。このような本の初版が、二十世紀初頭という時代に刊行されたということは、けっして偶然ではありません。『テオゾフィー』は、まさに人類が必要としている時期に、出るべくして出た本なのです。

すでに述べたように、これまで長い期間にわたって人類は霊的な世界とのつながりを断たれ、物質の世界に深く降りていきました。この間、霊的な知恵は、一般の人びとに明かされることなく、ごく一部の結社やグループのなかでのみ、ひそかに守り伝えられてきました。このように人類が霊の世界から遠ざかり、霊的な真理が一般の人びとから覆い隠されてきた時代は、霊学では「カリ・ユガ（暗黒時代）」と呼ばれています。しかしこのようなカリ・ユガは一八九九年に終焉を迎え、新たに人類が霊視能力に目覚め、霊の世界とのつながりを回復する可能性が開かれました。これ以降は、目覚めた自我意識を備えた人類が、思考をよりどころとして霊的な世界を探求することができるようになったのです。十九世紀のあいだはじっと沈黙を守り続けてきたシュタイナーが、二十世紀に入ってから旺盛に霊学的な事柄について語り始めたのは、このようなカリ・ユガの終焉と深い関係があります。

一九〇四年に初版が刊行された『テオゾフィー』は、カリ・ユガの終焉とともに人類の歴史がまったく新しい局面に入ったことを告げる、記念碑的な著作です。なぜなら『テオゾフィー』が世に出たことで、すべての人間が読書をとおして霊的な世界を探求することが可能になったからです。『テオゾフィー』の登場によって、歴史上初めて、それまで一部の秘儀のグループのなかで守られてきた霊的な真理が、書物という形で万人のために公開されたのです。この点に関して、ヨハネス・ヘムレーベンはシュタイナーの評伝のなかで次のように述べています。

「ルドルフ・シュタイナーは自分の時代の霊的な盲目性を体験したが、「盲人治療」の可能性を深く信じていた。彼は説法し続けて止めることはなかった。自分に与えられたあらゆる手段を利用して、彼は自分の時代を「開眼させ」ようと務めた。彼の『神智学』は、説法や講演や個人的な教導という方法だけではなく、書物が果たしうる役割の範囲内では、書物によって、現代人の霊的視覚能力を目覚めさせようとした最初の具体的な試みである」（ヘムレーベン『ルドルフ・シュタイナー』川合増太郎・定方昭夫訳　工作舎）

二十世紀初頭は、高度な科学文明の到来を告げる時代でしたが、それは同時に、カリ・ユガが終わったことによって人類が新たな霊性に目覚める兆しが現れた時期でもありました。すなわちこのときから、科学と霊的な認識という二つの極が一つに結びつく可能性が開かれたのです。ただし科学が霊的な認識と結合するためには、まず科学は近代以降深くはまりこんでしまった唯物論的な傾向から脱しなくてはなりません。

霊学でいう「唯物論」とは、哲学思想上の一つの見解のみを表しているわけではなく、さらに広く、「世界には感覚的にとらえられる物質以外のものは実在しない」とする世界観をさしています。哲学史の上では、唯物論をめぐる論争は十九世紀までにほぼ決着したことになっていますが、実際には私たちは十九世紀の人間よりも、さらに高度な唯物論の時代を生きているといえます。世界には物質しか存在しない、という現代の常識的な世界観を受け入れている限りにおいて、ほとんどの現代人は唯物論者なのです。

十九世紀から二十世紀初頭にかけて、西欧において唯物論的な自然科学は急速な発達を遂げ、便利で快適な物質的な生活を人類にもたらしましたが、その一方では偏った物質主義的な考え方を蔓延させ、さまざまな弊害を生み出すことになりました。唯物論的な世界観は、それが極限まで押しすすめられるときには、人類を霊的な真理から遠ざけ、人類の精神文化や道徳生活までも破壊してしまう危険をはらんでいたのです。

シュタイナーはこのような時代の兆候を見据えながら、唯物論的な自然科学が極限まで発達したときに必然的にもたらされる危険を、はっきりと洞察していました。シュタイナーはけっして自然科学そのものを否認したわけではありません。すでに述べてきたように、シュタイナーは思考の厳密さと客観性を重んじる科学的な研究方法を高く評価していました。しかしシュタイナーは同時に、物質のみを研究対象とし、魂や霊の存在を否定し続ける限りにおいて、科学が人類の精神文化の発展のために寄与することはない、ということも見抜いていました。そしてシュタイナーは、偏った自然科学によってもたらされる災厄を克服するためには、むしろ積極的にそのあり方を問い直し、よいところと悪いところを見据えた上で、科学そのものを霊化する以外にはない、と考えたのです。

この問題に関して、シュタイナーの協力者の一人であったエドアル・シュレーは、シュタイナーの『秘儀の事実としてのキリスト教と古代の秘儀』フランス語版に寄せた序文のなかで次のように的確に表現しています。

「ルドルフ・シュタイナーは、霊的課題を自ら負っていた。それは科学と宗教を再結合させることであり、神を科学に、自然を宗教に持ち込むことであり、そこから新たに、芸術と生活を実り豊かなものにすることである。しかし、いかにして彼は、この未曾有にして大胆な仕事に着手したらいいのか？　いかにして、十九世紀の時代精神を代表する強い反対者に打ち勝てばいいのか？　あるいは、むしろ、彼らをおとなしくさせたり、変えさせたりすべきなのか？　いかにして、近代科学という竜を飼い慣らし、霊認識という車の前につないだらいいのか？　そして何よりも、いかにして公の意見という牡牛に打ち勝てばいいのか？　弟子の問いに対して、『師匠』は次のような意味のことを答えた。『お前が敵に打ち勝ちたかったら、まず、彼を理解することからはじめよ。お前が竜のふところに身を沈めたときにはじめて、お前は竜に対する勝利者になる』」（ヘムレーベン『ルドルフ・シュタイナー』）

シュタイナーはこれからやってくる時代をはっきりと予見していました。現代という時代において霊に関する正しい認識が人類のあいだに広まるためには、科学的な思考方法と合致した、霊についての学問が出現しなくてはなりません。自然を研究対象とする自然科学に対して、このようにして霊を取り扱う科学が霊学（精神科学）です。高度な発達を遂げた科学と、カリ・ユガ以降万人のために開かれた正しい霊認識の道は、霊学として一つに結びつくのです。

『テオゾフィー』が初めて世に出てから、まもなく百年になろうとしていますが、現在という時代において、唯物論的な自然科学がもたらす弊害はシュタイナーの時代よりも、いっそう深刻なものになろうとしています。

物質文明が頂点を極め、繁栄を誇る一方で、自然環境は破壊され、人びとの魂は病み疲れ、地上の文明から霊的によいものが急速に失われつつあります。高度な科学文明がすさまじい勢いで発達を遂げる一方で、人間の魂はあとに取り残され、人類は霊的なものとの新たなつながりを見出すことができず、過去の霊的な遺産にしがみつくことしかできなくなっています。

このような時代のなかでふたたび霊的なものに到る道を見出し、文明のなかに正しい霊性を浸透させていくためには、私たち一人ひとりが、シュタイナーと同じように、科学的な思考方法そのもののなかに果敢に飛び込み、それを霊化させる努力をするほかはありません。科学という竜から逃げようとする人は、かえって竜の餌食になります。竜を克服しようと思うならば、私たちは自分から進んで竜のふところに入り、人類の文明を再生させる道を探るほかはないのです。

もちろんこの場合、私たち日本人も例外ではありません。ひとたび西欧の科学文明を完全に受け入れ、西欧的な自我意識を発達させた日本人は、もはや過去の東洋の霊性に戻ることは不可能です。現代の日本が直面している危機は、過去の伝統に回帰しても、乗り越えることはできません。確かにある面において近代的な自我の発達はエゴイズムを蔓延させ、さまざまな社会悪や環境破壊を生む一因になりました。しかしだからといって、私たちはもはや、一度身につけた自我意識をあっさりと捨て去って、近代以前の日本の霊性に戻ることはできないのです。私たちに残された唯一の再生の道は、むしろ自我意識をとおして霊的な世界と正しくつながり、自我の本質を善なるものに変えることだけなのです。

いまや科学文明は隆盛をきわめ、全人類を呑み込み、地上の文明を物質主義一色で塗り固めようとしているかのように見えます。しかし私たちは簡単に絶望すべきではありません。カリ・ユガの終焉とともに霊的な世界への扉が開かれてから、すでに一世紀が経過しました。現代では物質主義が繁栄する一方で、真の正しい霊性に到るための道を示す霊学(精神科学)は万人のために開かれています。

現在の物質文明にどこまでもしがみつくのか、それとも霊を取り扱う科学としての霊学をもとに新しい文明を生み出す試みに着手するのか、すべては私たち一人ひとりの選択にかかっています。

『テオゾフィー』は西洋人だけのために書かれた本ではありません。現代の科学文明を生きるすべての人類にとって、『テオゾフィー』は決定的な意味をもつ書物です。二十世紀初頭に初めて世に出た『テオゾフィー』は、百年近い歳月を経て、いま真の意味において光を放ち始めたのです。

訳者あとがき

一般に『テオゾフィー（神智学）』は、最初に読むべきシュタイナーの著作とされています。もちろんシュタイナーを読むにあたって、かならず『テオゾフィー』から入らなくてはならない、というきまりがあるわけではありませんが、できるだけ早い時期に『テオゾフィー』に触れておいたほうが、シュタイナーのそのほかの著作や講演録に抵抗なく入っていけるのは事実です。

『テオゾフィー』は、シュタイナーの著作のなかでは、『いかにして高次の世界を認識するか』とならんで、もっとも広く読まれている本です。たとえばオリジナルのドイツ語版『テオゾフィー』だけでも、ハードバックとペーパーバックをあわせて、すでに二十万部以上が売れたロングセラーになっています。このような数字は、『テオゾフィー』がいわゆるアントロポゾーフ（人智学者）だけではなく、霊学（精神科学）や神秘学に関心がある一般の人びとにも、よく読まれていることの証しにほかなりません。また英語圏でも、一九九四年にニューヨークのアンスロポソフィック・プレスから読みやすい新訳が出て以来、『テオゾフィー』はシュタイナーの入門書としていっそう普及するようになりました。

『テオゾフィー』という本は、霊学について予備知識のない普通の読者を対象として書かれている、という点に最大の特徴があります。

物質文明の時代を生きる現代人にとって、霊的な事柄を受け入れるのは容易なことではありません。魂や霊といった言葉を聞くだけで、ほとんどの現代人はぎょっとして、拒絶反応を起こしてしまいます。現代人が霊学を学ぶためには、少なくとも最初のうちは、日常的な事柄に関する考察から出発して、じょじょに魂や霊に関する思考へと導いてくれるようなガイドブックが必要です。

シュタイナーは、まさにそのような役割をはたすような本として、『テオゾフィー』を執筆しました。『テオゾフィー』は、読む人を霊的な思考に慣らす準備をしてくれる本なのです。シュタイナーに関する辛口の評伝を書いた、あのコリン・ウィルソンですら、『テオゾフィー』に関しては最大級の賛辞を寄せています。


「シュタイナーの全著作の中で、『神智学』はおそらく、シュタイナーの思想に近づくための最良の書であろう。これは簡潔に、そして入念に書かれた本である。……『神智学』においては、霊と死後の生についてのシュタイナーの考え方が明確かつ率直に語られている。この本を読む人ががかりにこうした観念を否定――もしくは、それに対する判断を留保――しようとしても、清澄と離脱の〈雰囲気〉は失われることはない。その雰囲気は、『バガバッド・ギーター』、マルクス・アウレリウスの『自省録』、ボエティウスの『哲学の慰め』と同じような効果を読む人に与えるのである。『神智学』を偏見なく読む人は、シュタイナーの精神の偉大さに触れることができる。そして、シュタイナーの

「秘教的」教義にはどんなに疑惑の念を抱こうとも、『神智学』からは圧倒的な印象を受ける。いかなる欠点があろうとシュタイナーは決していかさま師ではないということを、この本ほど明確に語っているものはない」（コリン・ウィルソン『ルドルフ・シュタイナー　その人物とヴィジョン』中村保夫・中村正明訳　河出文庫）

ここでウィルソンが述べているように、『テオゾフィー』という本の最大の価値は、シュタイナーはあやしいオカルティストではない、ということを、本を読む営みそのものをとおして、私たちにわからせてくれるという点にあります。いくらシュタイナーの霊学に興味をもち、数多くの著作や講演録を読んでみたいという意欲を抱いたとしても、少しでも、「シュタイナーのいうことは本当にすべて真実なのだろうか」と疑念を抱くなら、私たちは全幅の信頼を寄せてシュタイナーの言葉を受け入れることができなくなってしまいます。現代の常識的な世界観のなかで生きている私たちは、まず最初に、シュタイナーが述べていることはすべて客観的な真理である、ということを自分自身で納得しておかないと、どうしても一定の限界以上に進むことはできないのです。

個人的な体験をふりかえってみても、私自身、『テオゾフィー』を読むことで、初めてシュタイナーの霊学を抵抗なく学ぶことができるようになったように思います。

私が最初に読んだシュタイナーの本はある講演録の翻訳本でしたが、このときはシュタイナーが述べている事柄をあっさりと受け入れることはできませんでした。シュタイナー独特の語り口には共感を感じたものの、次から次へと繰り出される神秘学的な用語には、正直いって違和感を覚えました。とくに宇宙進化論に関しては、私には、どこまでが客観的な事実で、どこまでがシュタイナーの個人的な思想なのかがわからなかったのです。私は、シュタイナーが述べていることは真実なのか、それともでたらめなのか、自分で判断できるようになるまでは、しばらく霊学の本は読まないことにし、一時シュタイナーからは遠ざかりました。

それからかなりたってから、私は神田の古本屋で偶然、『テオゾフィー』のドイツ語原書を見つけました。この『テオゾフィー』の原書を読んで、私のシュタイナー観は大きく変わりました。私はシュタイナーの思考の明晰さに目を見張り、論理的な思考を重視し、科学的な客観性を保ちながら霊的な事象について記述しようとするシュタイナーの姿勢に強い親しみを感じました。そこにはオカルティズムにありがちな、おどろおどろしさは微塵も感じられなかったからです。『テオゾフィー』を読みながら、自分自身で思考し、検証してみることで、私は、シュタイナーが述べている霊的な事柄はすべて客観的な事実である、ということを実感することができました。そのとき、それまで私が生きてきた世界は一挙に瓦解し、まったく新しい世界が私の前に姿を現したのです。

『テオゾフィー』は、私のような疑り深い現代人に霊学の手ほどきをするために書かれた本です。私に限らず、現代人は霊的な事柄に対しては基本的に懐疑的です。誰かから、「魂や霊の世界はこうなっている」と霊的な事実をつきつけられると、かえって、「そんな話を聞かされても、嘘か本当か、私には判断できない」と反発するのが現代人の特徴です。しかし私たちは、ほかの人が説く霊の世界の話をすべて疑うことは可能だとしても、論理的な思考の筋道をたどりながら、自分自身で認識し、確認した霊的な真理だけは、どうしても否定することはできないのです。なぜなら正しい思考は、「私は真理に触れた」という感覚を、確実に私たちの魂のなかに生み出さずにはおかないからです。『テオゾフィー』を読むことをとおして、魂や霊の世界は実在する、ということを自分で実感したとき、私たちは初めて、シュタイナーのそのほかの著作や講演録をすなおな気持ちで読むことができるようになります。この意味において確かに『テオゾフィー』は、霊学を学ぶ人が最初にくぐるべき門だということができるのです。

今回、このような思い入れの深い『テオゾフィー』を訳しながら、私はこの本がどれほど重要な著作であるか、ということをあらためて実感しないではいられませんでした。また同時に私は、『テオゾフィー』を日本語に翻訳するということが、じつに責任の重い、安易な気持ちでは取り組めない仕事であることも痛感しました。原文と向きあうたびに、幾度となく、私は自分の語学力と霊的な力量が徹底的に問われているような感覚を覚え、身のひきしまるような思いを味わいました。

『テオゾフィー』は過去に高橋巖氏によって日本語に訳されていますが、それでもあえて二十一世紀の日本人のために『テオゾフィー』の新たな日本語版を出すことは、私にとっては時代の要請であるように思われました。翻訳者には、このような要請を正しく受けとめ、適切な訳文を作ることが求められています。しかもこの場合、翻訳作業の個々の瞬間にどのような言葉を選び取るかは、完全に訳者の自由な判断にゆだねられているのです。

『テオゾフィー』の原文は、ドイツ語の範囲内においてのみ意味がとおるような、省略の多い文体で書かれています。この原文をもし逐語訳したとしたら、きわめて意味の取りにくい日本語ができあがってしまうことでしょう。今回の翻訳にあたって、足りない語句は前後から補うなどし、日本語として意味が通る訳文を作るように配慮しました。『テオゾフィー』は、まず何よりも読者の思考に働きかけることをめざして書かれた本ですが、もし訳文が読みづらいと、読者は不自然な日本語と格闘した上で、さらに霊学的な思考の訓練に取り組むという二重の負担を強いられることになるからです。訳者としては、どうすれば本書をお読みになる方が『テオゾフィー』の霊学的な思考のプロセスを日本語をとおして追っていくことができるのか、という点にもっとも気を配りました。

ドイツ語に堪能なシュタイナーの研究者のなかには、「シュタイナーはドイツ語以外では読む気がしない。どうしても日本語に訳すのなら、逐語訳が望ましい」という人も少なくありません。しかしアントロポゾフィーの世界観が日本人の霊性のなかで生命を得て、二十一世紀の日本の精神文化のなかに根を降ろすためには、『テオゾフィー』はドイツ語の直訳としてではなく、日本語の文脈そのもののなかで語られなくてはなりません。私はまず何よりも、原文の趣旨を損なわない範囲内で、可能な限り日本語として読みやすい訳文を作ることを心がけました。この理想が今回の翻訳でどこまで実現したのかは、はなはだ心もとないのですが、少なくとも私は、このような目標をめざしながら翻訳作業を行ったつもりです。

本書の出版に尽力して下さった柏書房の芳賀啓氏と檀上聖子氏、ならびに訳文に関して多くの助言を授けて下さった樋口純明氏と鶴博昭氏に、心より感謝の言葉を申し述べます。

二〇〇〇年七月

松浦　賢

ら行

わ行

な行

は行

ま行

や行

た行

か行

さ行

索　引

＊（「霊」「エーテル体」のような頻出語句に関しては、初出の箇所、定義が述べられている箇所、もしくは傍点で強調されている箇所を挙げるに留めました。その場合は、該当ページはゴチック体で記してあります）

あ行

ルドルフ・シュタイナー（Rudolf Steiner）

1861-1925年。旧オーストリア帝国生まれ。哲学博士。ウィーン工科大学で物理学や数学を学んだのち、ワイマール版ゲーテ全集・自然科学篇の編集委員として活躍。20世紀に入ってから、魂や霊の領域を学問的に探求する霊学（精神科学）の成果をもとに、人間の霊性を宇宙の霊性へと導く認識の道としてのアントロポゾフィー（人智学）を確立した。その業績は哲学や神秘学だけではなく、教育・医学・農業などの社会実践にも及んでおり、近年再評価の気運が高まっている。

松浦　賢（まつうら・さとし）

1963年生まれ。東京外国語大学ドイツ語学科卒業、東京都立大学大学院博士課程単位取得退学。ドイツ文学者。既訳書・シュタイナー『天使と人間』『霊学の観点からの子どもの教育』（ともにイザラ書房）ほか。

テオゾフィー　神智学《しんちがく》

2000年11月15日　第1刷発行
2016年 3 月25日　第3刷発行

著　者　ルドルフ・シュタイナー
訳　者　松浦　賢
発行者　富澤　凡子
発行所　柏書房株式会社
　　　　東京都文京区本郷2-15-13（〒113-0033）
電　話　03-3830-1891（営業）
　　　　03-3830-1894（編集）
組　版　アンパサンド
印　刷　光陽メディア
製　本　小高製本工業

©MATSUURA Satoshi 2000 Printed in Japan
ISBN4-7601-1993-0 C3010

いかにして高次の世界を認識するか

ルドルフ・シュタイナー——著
RUDOLF STEINER
松浦　賢——訳

WIE ERLANGT MAN ERKENNTNISSE DER HÖHEREN WELTEN ?

『テオゾフィー』と並ぶシュタイナーのもっとも代表的な著作。太古より秘儀の場で伝えられてきた霊的な訓練の方法を、現代人のために書物というかたちで公開した。『テオゾフィー』において客観的に記述された霊的な事実を、すべてのひとが自分自身で霊視できるようになるための道筋を示す。

四六判・上製　二九六ページ
本体二、四〇〇円